Energiepflanzen im Haus

Eva Katharina Hoffmann

Energiepflanzen im Haus

Welche uns gut tun, welche nicht zu uns passen
Ungewöhnliche Zimmerpflanzenporträts mit Pflegetips

Bassermann

ISBN 978-3-8094-2420-8

Umschlaggestaltung: Atelier Versen, Bad Aibling
Fotos: Bildagentur IPO, Linsengericht: 59, 119
R. Blaich: Seite 5 oben, 40, 41, 55, 67, 72, 74, 75, 76, 79, 81, 82, 92, 93, 97
Institut für Bach-Blütentherapie, Forschung und Lehre Mechthild Scheffer: Seite 29
Landini, Mainz: Seite 16, 38, 39, 46, 48, 57, 64, 68, 88, 90, 102, 109, 113, 123
Lavendelfoto G. Höfer/Spohn: Seite 23 oben rechts, 96
Mauritius: Seite 8
Photodisc: Seite 5 Mitte
Reinhard-Tierfoto, Heiligkreuzsteinach: Seite 6, 31, 43, 85, 95, 110, 116
Tessmann & Endress, Frankfurt am Main: Seite 5 unten, 10, 12, 15, 22, 23 oben links und unten, 27, 36, 42, 44, 45, 47, 49 bis 54, 56, 58, 60 bis 63, 65, 66, 69 bis 71, 73, 77, 78, 80, 83, 84, 86, 87, 89, 91, 94, 98 bis 101, 103 bis 108, 111, 112, 114, 115, 117, 120 bis 122
Wetterwald: Seite 118
Zeichnungen: Ushie Farkas-Dorner, Plouray/Frankreich
Redaktion für diese Ausgabe: Herta Winkler
Bildredaktion für diese Ausgabe: Sonja Storz
Buchgestaltung: Martin Strohkendl

Satz: Martin Strohkendl
Reproduktionen: Artilitho, Trento
Druck: Tesinska tiskarna, a.s., Cesky Tesin

Printed in Czech Republic

115 230203 X 817 2635 44

Inhalt

Vorwort

Jeder, der Pflanzen liebt und sich mit ihnen umgibt, jeder der einen Garten pflegt oder draußen in der Natur Grünes und Blühendes bewußt wahrnimmt, weiß: Pflanzen sind Lebewesen, die auf uns, vor allem aber auf unsere Sinne, einen nicht zu unterschätzenden Einfluß ausüben. Dem einen schenken sie Entspannung, veranlassen ihn gar zur Kontemplation, den anderen inspirieren sie mit ihrem unerschöpflichen Reichtum an Farben und Formen zur Kreativität. Einige Pflanzen wirken auf uns über den Duft, von dem in esoterischen Kreisen behauptet wird, er sei der Sitz der Pflanzenseele. Vergessen wir nicht den berühmten grünen Daumen. Wer ihn besitzt, vermag mit der Pflanze zu kommunizieren, liegt gleichsam mit ihr auf einer Wellenlänge.

Dieses Buch befaßt sich mit den unsichtbaren Schwingungen der Zimmerpflanzen. Die Autorin, eine überaus sensible Geistheilerin und Heilpraktikerin, sieht – ähnlich wie der englische Arzt Edward Bach – auch in den uns unmittelbar umgebenden Zimmerpflanzen bestimmte individuelle Wesensbilder und Energiepotentiale, die auf uns einwirken.

Mancher Zimmergärtner wird jetzt vielleicht erkennen, warum er aus unerfindlichen Gründen gegen einige Pflanzen eine Abneigung hat, andere dagegen besonders liebt. Außerdem hilft dieser ungewöhnliche Pflanzen-Ratgeber dabei, Blatt- und Blütenpflanzen als hochinteressante Lebewesen und nicht nur als bloße Dekoration oder Mittel zur Luftreinigung zu betrachten.

Pflanzen schenken uns auf einer feinstofflichen Ebene Kräfte, die man nicht sehen und messen kann, die sich aber sehr konkret in jene Energien verwandeln können, die man Freude und Wohlbefinden nennt.

Dank seinem intensiven Duft und seinen leuchtend orangefarbenen Früchten zählt das Orangenbäumchen (links) zu den stärksten Energiepflanzen. Bei den Chinesen gilt die Pflanze als Symbol für Reichtum.

Mit Pflanzen leben

Den Grundstein für meine Beziehungen zu Pflanzen legte meine Großtante Agathe, als ich drei Jahre alt war. Sie gab mir in ihrem Garten ein eigenes Beet und half mir, es zu bepflanzen. Sie wußte, wann der Mond richtig stand, um zu säen, gießen, jäten und zu ernten. Lachend und liebevoll unterstützte sie meine Anstrengungen, wenn ich jeden Tag erneut versuchte, Karotten, Radieschen und anderes Gemüse herauszuziehen, um zu sehen, ob es endlich reif war. Sie erklärte mir die Zusammenhänge zwischen Boden, Wetter, Wind und Sonne, und welche Bedingungen die jeweilige Pflanze benötigte. Noch heute höre ich in mir ihre Worte, wenn ich mich mit Pflanzen beschäftige und bin ihr von ganzem Herzen dankbar für diese Einführung in die Pflanzenwelt

Als junge Ehefrau stellte ich fest, daß Pflanzen, die ich besonders liebte, auch besonders gut bei mir gediehen und andere, für ihre einfache Pflege bekannte Pflanzen, sich häufig bei mir nicht so gut entwickelten. Bedingt durch meine Tätigkeit als Heilpraktikerin, bei der ich täglich mit Pflanzenheilkunde, Bachblüten, Aromatherapie und klassischer Homöopathie zu tun hatte, erweckten gerade die nicht sicht- und meßbaren Kräfte, die in Pflanzen stecken, mein besonderes Interesse.

Durch Begegnungen mit einem alten, bayerischen „Kräuter-Sepp", mit Ethnologen, Schamanen, Landschaftsarchitekten und vielen anderen an Pflanzen interessierten Menschen lernte ich immer mehr über die grünen und blühenden Bewohner unseres Planeten. Ich begann jede neue Erfahrung den vorangegangenen hinzuzufügen und die gewonnenen Erkenntnisse miteinander zu verknüpfen. Besonders wichtig war mir dabei aber nicht nur das Wissen, sondern auch die persönliche Berührung mit Pflanzen in der Natur, im Garten und im Haus.

Beim Lernen von homöopathischen Mittelbeschreibungen erinnerte ich mich wieder an Tante Agathes wertvolle Erfahrungen. Sie hatte mir von Elfen, Gnomen und Pflanzenengeln erzählt und

Wer eng mit Pflanzen lebt, erfährt ihren individuellen Charakter sehr schnell, und sei es über den Duft.

mein Bewußtsein für die feinstofflichen Ebenen gefördert. Ich nahm also ein homöopathisches Mittel in die Hand, setzte mich auf eine Wiese und bat die Pflanzenengel (Dewas) mir zu helfen, die Energie der jeweiligen Heilpflanze zu spüren. Tatsächlich fühlte ich schon bald ein Kribbeln sowie Wärme, Kälte und Brennen. Mein Körper war wie ein Wegweiser und zeigte mir mit den jeweiligen Reaktionen, wo die Heilkräfte der Pflanze Wirkung zeigten.

Auch auf meine Stimmungen nahmen die Heilpflanzen immer mehr Einfluß. Ich machte mir Notizen, um diese Erfahrung durch das Spüren zu lernen und zu überprüfen, ob die jeweilige Pflanze sich bei mir stets gleich anfühlte. Es stimmte, und so blieb ich bei dieser Lernmethode. Jetzt versuchte ich es bei Pflanzen, die direkt in der Natur zu finden waren: Blumen, Bäume, Sträucher, Kräuter – auch viele sogenannte Unkräuter – durchliefen meine verschiedenen Versuchsreihen.

Danach verglich ich die veritablen Pflanzen mit Medikamenten, in denen ihre Essenz vorhanden war, zum Beispiel

- Oak-Bachblüten mit dem Eichenbaum,
- das Homöopathikum Taraxacum mit dem Heilkraut Löwenzahn,
- das Homöopathikum Cyclamen mit der Topfpflanze Alpenveilchen.

Die Energieschwingung war stets identisch, in der Natur allerdings oft kräftiger und bei den hergestellten Mitteln feiner, manchmal (bei Hochpotenzen) auch stärker.

Die Birkenfeige stellt man im Büro am besten neben den Kopierer oder Drucker, weil sie den Abbau von Formaldehyd beschleunigt, aber auch von Schadstoffen wie Xylol, Toluol und Ammoniak.

Pflanzen sind mehr als nur Dekoration

Seit Menschen ihre kostbare Zeit immer häufiger in Häusern, Wohnungen und Büros verbringen, hat sich das wachsende Bedürfnis entwickelt, das gesamte Lebensumfeld mit Pflanzen zu verschönern. Außer ihrem schönen Anblick und wohltuenden Duft wirken diese nämlich nachweislich als Luftverbesserer und Schadstoff-Filter und sorgen somit für eine positive Wirkung auf Körper, Seele und Geist.

Pflanzen liefern uns Sauerstoff und Nahrung

Pflanzen bieten uns Menschen nicht nur „die Luft zum Atmen", sondern auch die Basis unserer Ernährung.Ohne Pflanzen gäbe es kein Leben auf diesem Planeten, ohne Pflanzen müßten Menschen und Tiere ersticken und verhungern. Erst ihre Gegenwart und die Fähigkeit, aus lebensfeindlichem Kohlendioxid mit Hilfe von Sonnenlicht und Wasser Energie (Kohlenhydrate) zu bilden und ganz nebenbei noch Sauerstoff zu liefern, hat unsere Existenz überhaupt möglich gemacht.

Alles, was wir den Pflanzen antun, tun wir letztlich uns an. Wir täten also gut daran, liebevoll mit unseren Pflanzen umzugehen, sie zu umhegen und gut zu pflegen. Jeder Baum, der gerodet wird, sollte sofort durch drei neue ersetzt werden, jedes vermeintliche Unkraut neu betrachtet werden – vielleicht ist es das Medikament von morgen? Genauso wertvoll sind auch die Pflanzen, die wir als Gäste aus mediterranen, subtropischen und tropischen Regionen im Haus, auf dem Balkon oder im Wintergarten kultivieren. Jede einzelne schmückt nicht nur unser Heim, sie bringt uns auch Freude, Wohlbefinden und Gesundheit und sollte als vollwertiges Familienmitglied angesprochen werden. Sie mag das nämlich, wie zahlreiche, erfolgreiche Pflanzenfreunde versichern.

„Die höchste Aufgabe der Pflanzen ist nicht allein, unser Auge durch Farben und unseren Mund durch köstliche Früchte zu erfreuen. Sie tun all dies. Aber ebenso leise und gewissenhaft entfernen sie Unreinheiten aus der Luft und aus der Erde, welche um uns sind. Und ein jedes Haus, in welchem gesunde Pflanzen gedeihen, wird wohl sauberer und gesünder für uns sein, als wenn die Pflanzen nicht da wären."
Diesem Zitat, das vermutlich aus einem englischen Gartenbuch des 19. Jahrhunderts stammt, ist kaum noch etwas hinzuzufügen.

Pflanzen dienen unserer Gesundheit

Die US-Umweltbehörde rechnet die Belastung des Wohnklimas durch Schadstoffe zu den fünf gefährlichsten Bedrohungen für die Volksgesundheit. Ursachen für „schlechte Luft" sind die durch übertriebenes Isolieren hermetisch von der Außenluft abgeschotteten modernen Wohnungen. Als weitere Belastung haben sich Baumaterialien erwiesen, die Formaldehyd, Xylol, Toluol, Benzol, Trichlorethylen, Chloroform, Ammoniak, Alkohol und Aceton in die Luft abgeben. Hinzu kommen menschliche Ausdünstungen, Bio-Effluvien genannt.

Das Zusammenkommen dieses „Chemiecocktails" kann bei disponierten Menschen, vor allem aber bei Kleinkindern und älteren Menschen, zu Befindlichkeitsstörungen und Krankheiten führen. Seit den achtziger Jahren sind den Ärzten und Heilpraktikern

Die Dieffenbachie ist die ideale Pflanze fürs Büro: Sie filtert erfolgreich Schadstoffe aus der Luft und strahlt Energien aus, die uns zu besserer Konzentration verhelfen.

Symptome bekannt, deren Ursächlichkeit mit den üblichen Diagnosemaßnahmen nicht erklärt werden konnte. Auffällig war, daß die Patienten eine deutliche Besserung erfuhren, wenn sie das Haus verließen und sich in frischer, sauberer Luft aufhielten. Der Begriff „Sick-Building-Syndrom" wurde geprägt. Häufige Symptome des „SBS" sind: Müdigkeit, Abgeschlagenheit, Kopfschmerzen, nervöse Beschwerden, Lungen- und Bronchienerkrankungen, Asthma, Reizung von Haut und Schleimhäuten, besonders von Augen, Nase und Hals, Nebenhöhlen- und Stirnhöhlenverstopfung, Hauterkrankungen, Allergien sowie im schlimmsten Falle Krebs. Häufig fördern die Schadstoffe bei hypersensitiven Personen noch zusätzlich Allergien auf Staub, Hausmilben, Schimmelsporen, Pollen und Lebensmittel.

Pflanzen sind in der Lage, diese Schadstoffe zu filtern oder umzuwandeln und die Luft im Haus zu verbessern. Außerdem befeuchten sie die Luft, vorausgesetzt, wir lassen sie nicht komplett austrocknen. Entsprechende Versuche der NASA haben dies eindeutig bewiesen. Daß die entweichenden Pflanzendüfte stimulierende, antimykotische (gegen Pilze) und antibakterielle Eigenschaften besitzen, wissen wir aus der Aromatherapie.

Nachstehend nur einige Beispiele für Zimmerpflanzen mit großem „Abbauerfolg" bei einzelnen Schadstoffen:

- **Formaldehyd:** Schwertfarn, Strauchmargerite, Drachenbaum, Bergpalme, Birkenfeige, Efeu, Einblatt, Strahlenaralie, Dieffenbachie.
- **Xylol und Toluol:** Dieffenbachie, Schwertfarn, Flamingoblume, Birkenfeige.
- **Ammoniak:** Flamingoblume, Strauchmargerite, Pfeilwurz, Birkenfeige, Drachenbaum, Azalee.

Wie Pflanzen kommunizieren

Wußten Sie, daß Pflanzen untereinander kommunizieren können, daß sie Sympathien oder Antipathien zeigen? Auslöser für diese Kommunikation ist in den meisten Fällen die Arterhaltung. Dazu im folgenden verschiedene faszinierende Beispiele. Ob

Pflanzen auch mit Menschen kommunizieren, ist umstritten. Wahrscheinlich tun sie es, wir sind nur (noch) nicht imstande, es zu erkennen. Einige Versuche in diese Richtung gibt es bereits.

Hobbygärtner sollten zwischen Rosen Lavendel setzen. Beide Pflanzen passen nicht nur optisch wunderbar zusammen, ihre Nachbarschaft hat auch Vorteile für beider Wachstum und Gesundheit.

Mischkultur

Es gibt Pflanzen, die sich miteinander vertragen, sich sogar gegenseitig fördern und andere, bei denen das Gegenteil der Fall ist. Diese Sympathie oder Antipathie des Pflanzenreiches nennt der Fachmann Allelopathie. Kluge Hobbygärtner haben die positiven Beziehungen längst erkannt und nutzen die Tatsache, daß zum Beispiel Rosen und Lavendel sich gegenseitig in ihrer Wuchskraft fördern, die Kapuzinerkresse dem Kirschbaum die Blutläuse vom Leib hält und die Ringelblume den Fadenälchen, die den Phlox bedrohen, mit ihren Wurzelausscheidungen den Garaus macht.

Aromatische Pflanzenpflege

Diese von dem Biologen Dr. Dietrich Gümbel entwickelten natürlichen Pflanzenschutzmittel bestehen aus bestimmten ätherischen Ölen und Wasser in einem Verhältnis von 1:10 bis 100 000. Die Aromatische Pflanzenpflege geht davon aus, daß Gleiches auf Gleiches wirkt und die spezielle „Information" oder „Essenz" eines ätherischen Öls auch in extremer Verdünnung auf das Wasser und in der Folge durch Sprühen auf die kranken Pflanzen übertragen wird. Aromatische Wurzelöle zum Beispiel aktivieren die Wurzeln, Blattöle schützen und stärken das Laub. Blüten-, Frucht- und Samenöle regen zu üppiger Blüte und reichem Fruchtansatz an.

Phlox wird leicht von Bodenälchen befallen, es sei denn, man pflanzt ihn mit Ringelblumen zusammen, deren Wurzelduft die Älchen vertreibt.

Gerbsäure zur Unterdrückung der Konkurrenz

Der Walnußbaum produziert in den grünen Fruchtschalen den chemischen Botenstoff Gerbsäure. Dieser für den Menschen in der gegebenen Konzentration unschädliche Stoff garantiert den Schutz der gefallenen Früchte. Allerdings verschlechtern sich dadurch für alle fremden Keimlinge am Boden die Bedingungen zum eigenen Keimen. Sie treiben nur schlecht aus. Der Walnußbaum sorgt also auf bewundernswerte Art und Weise dafür, daß fast ausschließlich seine eigenen Nachkommen die besten Möglichkeiten zur Vermehrung vorfinden und die fremden Keimlinge dezimiert werden. Er hält seinen Standort von nicht gewünschten Pflanzen-, Unkräuter- und Baumsamen frei. Diesen Selbstschutz könnte man fast als eine Art von Brutpflege bezeichnen.

Signalstoffe als Warnung vor natürlichen Feinden

Bäume, deren Blätter durch Insektenbefall oder weidende Tiere beschädigt wurden, veranlassen mit Hilfe von chemischen Signalstoffen, die sie in die Luft entsenden, daß andere Bäume in ihrer Umgebung, sofort die entsprechenden Abwehrstoffe produzieren.

„Vergiftete" Blätter zur Insektenabwehr

Werden Bäume von Insekten geschädigt, senden sie chemische Signalstoffe in die Luft, um andere Bäume zur Produktion von entsprechenden Abwehrstoffen zu veranlassen.

Ökologen und Chemiker der Universität von Seattle im amerikanischen Bundesstaat Washington untersuchten Wälder, von denen bekannt war, daß sie etwa alle zehn Jahre von Schädlingen fast kahl gefressen wurden. Die Forscher beobachteten, daß ungeheuere Mengen von Insekten gezielt über unzählige Birken und Weiden herfielen und deren Blätter auffraßen. Obwohl noch riesige gesunde Bestände mit frischen Blättern auf die Insekten „warteten", suchten die Tiere keine weiteren Bäume heim. Weiterhin war auffällig, daß diese gefräßigen Insekten nach den massiven Angriffen nach und nach starben – offensichtlich an Hunger (!) –, um in regelmäßigen Abständen von zehn Jahren wieder aufzutreten.
Was ist in diesen Wäldern geschehen? Die Auswertung der Laboruntersuchungen ergab, daß sich die Bäume erfolgreich gegen die Insekten wehrten. Sie veränderten die chemische Zusammensetzung ihrer Blätter so, daß sich der Nährwert verringerte und der Geschmack veränderte. Die Bäume waren also in der Lage, die Proteinzusammensetzung ihrer Blätter umzustellen. Dadurch konnten sie sich ihrer Freßfeinde entledigen. Dieser lebenserhaltende Trick ist auch von Lupinen bekannt. Sie produzieren Giftstoffe, die nicht nur gegen Blattläuse, Raupen und Heuschrecken wirken, sondern sogar Schafe und Ziegen vom Kahlfraß abhalten.

Duftsignale per Luftweg

Noch erstaunlicher war das Ergebnis eines Forschungsprojekts, in dem Raupen einer besonders gefräßigen Art auf Versuchsbäumen ausgesetzt wurden. Den Bäumen gelang es wiederum, daß ihre Blätter „unverdaulich" und weniger nahrhaft wurden. Als auch Bäume der Kontrollgruppe, die keinerlei Schädlingsbefall aufwiesen, die chemische Zusammensetzung ihrer Blätter entsprechend veränderten, vermuteten die Wissenschaftler zunächst, daß die Information über Wurzelkontakt erfolgt sei. Nachdem jedoch auch Bäume in 100 Meter Entfernung reagierten, war man sich sicher, daß sie die Signale über den Luftweg ausgesendet haben mußten, um die anderen Bäume zu warnen. Das Gas Ethylen, ein Pflanzenhormon, konnte dann auch als Botenstoff identifiziert werden.

Nicht nur in der Natur oder im Garten, auch im Haus entwickeln sich Alpenveilchen besser, wenn man mehrere Töpfe nebeneinanderstellt.

Kommunikation mittels Aura

Pflanzen kommunizieren auch mittels der Aura, dem Energiefeld, das Mensch, Tier und Pflanze umgibt. Wenn mehrere Pflanzen nebeneinander wachsen, reichen die Auren ineinander und können einen regelrechten Energiekanal aufbauen. Dieser kann für beide Teile positive wie negative Auswirkungen haben (siehe dazu auch Mischkultur, Seite 13).Beispiel: Wenn eine Yucca neben einem Alpenveilchen steht, erträgt das Alpenveilchen die wesentlich aggressivere Energie der Palmlilie nicht lange und geht ein. Pflanzen wie beispielsweise Frauenschuhorchideen oder Alpenveilchen entwickeln sich besser, wenn sie im Pulk zu mehreren zusammenstehen. Sie unterstützen sich durch ihre Energie gegenseitig und bilden so eine baldachinähnliche Aura über ihre Gemeinschaft.

Kommunikation mit Menschen?

Die Kommunikation der Pflanzen mit dem Menschen erfolgt ebenfalls über die Aura. Bei positiver Zuwendung durch den Menschen vergrößert sich die Aura der Pflanze und speichert diese Energie, was kräftigeren Wuchs, schönere Blüten und größere Abwehrkräfte gegen Krankheiten bewirkt. Wutausbrüche und Beschimpfungen in dem Raum, in dem die Pflanze steht, führen

Der Drachenbaum, eine bekannte und beliebte Zimmer- und Büropflanze, war Gegenstand des berühmten „Backster-Effektes", mit dem ein Amerikaner festgestellt haben will, daß Pflanzen unsere Gedanken lesen können.

zum Schrumpfen der Pflanzenaura. Dieser Effekt nimmt noch drastisch zu, wenn man die Pflanze beschimpft, und kann bis zu deren Eingehen führen.

Kräftige, gesunde und geliebte Pflanzen können dem Menschen Teile ihrer von uns entgegengebrachten und gespeicherten Energie zurückgeben. Wir fühlen uns dann von diesen Pflanzen angezogen, suchen ihre Nähe, sehen sie gerne an und freuen uns an ihrem Gedeihen. Somit kommunizieren wir mit den Pflanzen, indem wir einen Energiekreislauf aufbauen, der in der Aura von Mensch und Pflanze sichtbar wird.

Können Pflanzen unsere Gedanken lesen?

Der sogenannte „Backster-Effekt" weist zumindest daraufhin, das dies denkbar ist. Cleve Backster aus San Diego in Kalifornien gilt als der Vater der modernen Pflanzenkommunikation. Vor 25 Jahren machte er an einem Drachenbaum *(Dracaena)* die Entdeckung, daß Pflanzen auf Gedanken und Gefühle von Menschen reagieren können.

Backster war Spezialist für Lügendetektoren, die in den Vereinigten Staaten (im Gegensatz zu Europa) vor Gericht zugelassen sind und zur Wahrheitsfindung herangezogen werden. Mit dem Lügendetektor werden elektrische Schwankungen gemessen, die durch die Änderung der Atemfrequenz, des Blutdrucks und der Hautfeuchtigkeit beim Menschen entstehen. Experten können mittels der vom Schreiber aufgezeichneten Kurven feststellen, ob die befragte Person die Wahrheit sagt oder ob es sich um eine Lüge handelt.

Backster kam auf die Idee, seinen Drachenbaum, der in seinem Büro stand, an den Lügendetektor anzuschließen. Nach seiner Erfahrung zeigten Menschen die heftigsten Reaktionen, wenn sie bedroht wurden. Folglich beschloß er, die Pflanze zu bedrohen. Er wollte ein Blatt des Drachenbaums anbrennen. Aber bereits in dem Augenblick, als Backster diesen Gedanken faßte, bewegte sich der Lügendetektor. Schon die bloße Absicht hatte ausgereicht, um die Pflanze reagieren zu lassen. Er fragte sich, ob sich der Drachenbaum bereits durch seine Gedanken bedroht fühlte, und holte sich Streichhölzer, um den Versuch noch zu steigern. Schließlich stellte Backster nach vielen dokumentierten Versuchsreihen fest, daß der Drachenbaum bereits auf den bloßen Gedanken reagierte.

Ähnliche Ergebnisse erzielte der indische Wissenschaftler Jagadis Bose, der beweisen konnte, daß Pflanzen eine Art Reizleitungssystem besitzen, vergleichbar mit dem Nervensystem von Menschen und Tieren.

Interessanterweise reagieren Pflanzen nach Backster und Bose auf negative Emotionen schneller und heftiger als auf positive. Mit dieser Theorie ließe sich auch der bekannte „grüne Daumen" erklären: Menschen mit positiven emotionalen Gedanken erzielen auch positive Wirkungen bei Pflanzen, mit denen sie sich beschäftigen. Menschen, die Pflanzen nicht wirklich lieben, werden als Gärtner und Pflanzenbesitzer kaum erfolgreich sein.

Kommunikation mittels Biophotonen

Der deutsche Physiker Fritz-Albert Popp beschäftigte sich Ende der sechziger Jahre in der Krebsforschung mit der Frage: Warum erzeugt eine chemische Substanz Krebs und eine andere, die in ihrer chemischen Struktur gleich ist, nicht? Popp stellte fest, daß der Unterschied auftrat, wenn Licht hinzukam. Erst beim Einwirken von ultravioletter Strahlung zeigten die biochemisch gleichen Substanzen in ihren Molekülen völlig verschiedene Verhaltensweisen. Die eine Substanz erzeugte Krebs, die andere nicht. Popp beschloß der Frage des Lichts in den Zellen nachzugehen, weil er erkannt hatte, daß dies eine Schlüsselfunktion zum Verständnis der Kommunikation zwischen Zellen in einem Organismus beinhaltete. Da in der Physik die kleinsten Teilchen des Lichts als Photonen bezeichnet werden, nannte er das Licht der lebenden Zelle „Biophotonen". Diese sind nach Popp Informationsträger, die dafür sorgen, daß in einer Pflanze genauso wie in allen anderen Lebewesen jede Zelle gleichzeitig alles weiß, was im gesamten Organismus vorgeht.

Im Licht der lebenden Zellen, von dem deutschen Physiker Popp Biophotonen genannt, sind Informationen gespeichert. Es funktioniert, einfach ausgedrückt, wie ein Laserstrahl in der Nachrichtentechnik.

Popp fand außerdem heraus, daß das Licht der Zellen einem Laserstrahl vergleichbar ist. Laserstrahlen werden bekanntlich in der Nachrichtentechnik zum Übertragen von Informationen benutzt. Mit Hilfe der Kommunikation von Pflanzen – zu seinem ersten Ergebnis kam er bei der Untersuchung einer Gurke – ergaben sich völlig neue wissenschaftliche Grundsätze. Danach sind die Wellenfelder der Informationen, die von Mensch, Tier und Pflanze gesendet und empfangen werden, das Licht des Lebens, das in jeder Zelle strahlt. Diese Strahlung oder Ausstrahlung wird in der esoterischen Sprache als Aura bezeichnet. Sie umgibt Mensch, Tier und Pflanze.

Die Schwingung der Pflanze

Was sind Pflanzenschwingungen überhaupt? Kann man sie spüren, sehen und wissenschaftlich beweisen? Wie wirken sie auf den Menschen? Gibt es andere Bereiche, in denen Pflanzenschwingungen eine Bedeutung haben? Das folgende Kapitel führt Sie in den feinstofflichen Bereich des Pflanzenlebens, versucht Sie für Pflanzenschwingungen zu sensibilisieren und macht Sie mit Wirkungsweise und Verknüpfungen aus anderen Bereichen bekannt.

Aufbau der Schwingung (Aura)

Unter der Schwingung oder Energieschwingung versteht man die feinstoffliche Aura, die jedes Lebewesen, auch die Pflanze,

Die Auren von Pflanze und Mensch sind in mehreren Schichten aufgebaut. Die Pflanze bietet eine Vielzahl von Energieschwingungen an, die sich in verschiedener Intensität auf die menschliche Aura zu bewegen.

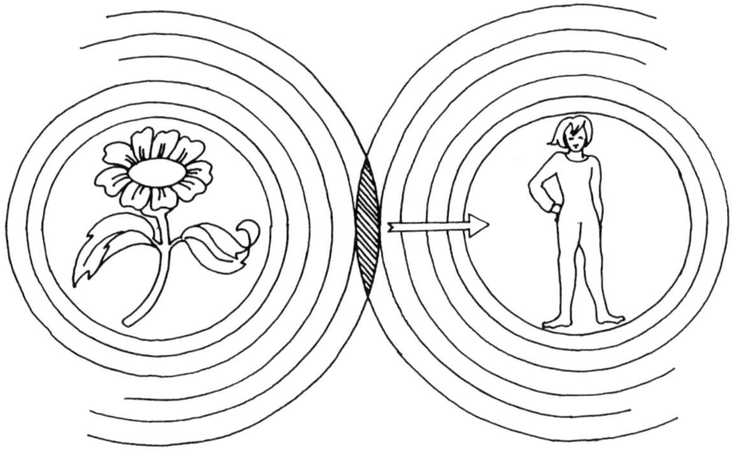

umgibt. Diese „Energie“ entfaltet sich nicht bei allen Pflanzen gleich. Siehe dazu das Tableau auf Seite 22f.
Sie ist in mehrere Schichten aufgebaut. Innerhalb dieser Schichten befindet sich ein Energieraster. Es kann darin Energie aufgenommen, gespeichert und abgegeben werden. Jede Energieschicht hat ihre eigene Frequenz – wie verschiedene Radiosender. Je ähnlicher diese Frequenz unserer eigenen Aurafrequenz ist, desto sympathischer erscheint uns eine Pflanze. Die Pflanzen, die sich in unserer unmittelbaren Umgebung befinden, bieten uns eine Palette von Energieschwingungen an, die sich in verschiedenster Bewegungsintensität auf unsere Aura zu bewegen.

Wie man die Schwingung erkennen lernt

Stellen Sie sich vor, Sie haben eine Zimmerpflanze vor sich auf dem Tisch stehen, und um diese Zimmerpflanze ist eine feinstoffliche Energiehülle, die Aura, die Sie nicht sehen können. Probieren Sie es einfach aus: Gehen Sie mit Ihren Handflächen etwa 5 cm über die Pflanze und schließen Sie die Augen. Es kann sein, daß Sie ein leichtes Kälte- oder Wärmegefühl, Pulsieren oder Kribbeln fühlen können.
Sollten Sie sich Ihrer Wahrnehmung nicht sicher sein, können Sie folgenden Versuch machen: Gehen Sie nach Sonnenuntergang in einen nahegelegenen Wald oder zu einer Baumgruppe. Stellen Sie sich in einem Abstand von 10–15 Metern vor die Bäume, und lenken Sie Ihre Aufmerksamkeit für 5 Minuten etwa 1–3 Meter über die Baumkronen. Schließen Sie dann die Augen für 1 Minute. Öffnen Sie dann die Augen ganz langsam. Mit großer Wahrscheinlichkeit werden Sie für einen Moment einen hellen Lichtkranz über den Baumkronen sehen. Dieser Lichtkranz ist die Energiehülle der Pflanze. Die physikalische Forschung konnte diese Energiehülle mit Hilfe der sogenannten Kirlian-Fotografie sichtbar machen.
Hellsichtige Menschen nehmen die Pflanzenaura wie farbliche Abstufungen einer Energiewolke wahr, die regenbogenartig schillernd ist. Je geübter sie sind, desto genauer können sie den Energiestand der Pflanze bestimmen und damit Rückschlüsse auf die Heilkräfte ziehen. Hellfühlende Menschen können mittels ihrer Hände die Energiewolke um Pflanzen herum spüren. Diese

Menschen können sehr schnell einen mentalen Kontakt zur Pflanzenwelt aufbauen. Hellriechende Menschen erhalten die Information der Pflanzenaura über ihren Geruchssinn. Vereinzelt gibt es Menschen, die über alle drei Fähigkeiten verfügen.

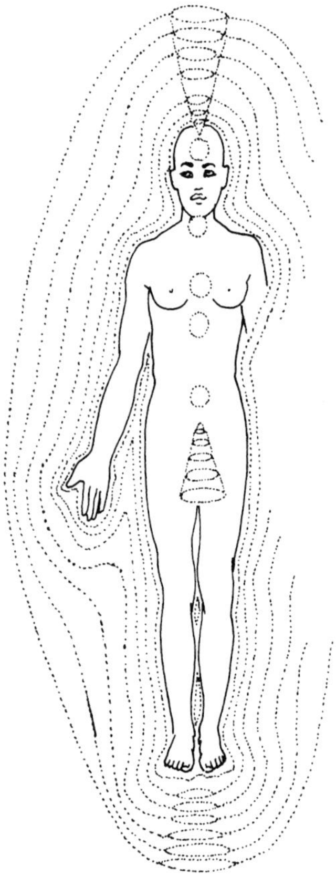

Die Aura (Schwingung) des Menschen, seine Chakren (Energiezentren) und die Nadis (Energieverteilungsstellen). Über die feinstofflichen Areale wird auch die Pflanzenschwingung aufgenommen und weitergeleitet.

Aufnahme und Wirkung der Schwingung

Die Schwingung wird durch die feinstoffliche Energie der menschlichen Aura aufgenommen, die mittels Energiezentren, sogenannter Chakren, mit dem menschlichen Körper verbunden ist. Über diese Energiezentren wird die Pflanzenenergie in unserem Körper zu wesentlich kleineren Energieverteilungsstellen, den sogenannten Nadis, geleitet. Die Nadis leiten die Pflanzenenergie über das Nervensystem und das Endokrine System bis in unser Blut weiter. Das Blut versorgt im Körper jede Zelle und jedes Organ mit Energie.

Die Energieschwingung einer Pflanze wird eher instinktiv oder intuitiv als bewußt erfaßt. Sie wirkt aber ihrem Aura-Charakter entsprechend. Beispiel: Wenn wir plötzlich Lust haben, uns Zierpfeffer mit knallroten Früchten ins Haus zu holen, fehlt uns ein anregendes Mittel, das diese Pflanze über ihre Energieschwingung liefern kann. Ein Blick auf die Wüstenrose kann uns bei Konzentrationsstörungen am Computer helfen, denn ihre Schwingung zentriert unsere unruhigen Gedanken. Gefällt uns plötzlich die jahrelang heißgeliebte Birkenfeige nicht mehr, kann es daran liegen, daß uns ihre Ausstrahlung plötzlich mißfällt, weil sich vielleicht unsere Lebensumstände geändert haben.

Energiepflanzen aus meiner Sicht

Noch nie war das Angebot an Arten und Sorten von Topf- und Kübelpflanzen so groß wie heute. Der Handel bietet sicher weit mehr als 1000 Arten und Sorten an und jedes Jahr kommen Neuentdeckungen dazu. Es würde den Rahmen dieses Buches sprengen, auf alle einzugehen und ihre Energiequalitäten zu prüfen. Im Porträtteil (ab Seite 37) finden Sie die Pflanzenarten, deren individuelle Schwingung ich im Laufe der Jahre in meiner Praxis ausprobiert und eingeordnet habe. Darunter sind solche mit sehr starker und positiver Schwingung und schwierigere Kandidaten.

Die schwierigsten Energiepflanzen

Sie haben natürlich nicht nur negative Eigenschaften. Aber sie sollten mit Bedacht und Vorsicht eingesetzt werden. Ihre Energien sind so stark, daß man sie zum Beispiel auch zur „Abwehr" oder zu einer starken Stimulation nutzen kann.

- ***Aechmea*, Lanzenrosette:** Diese Pflanze schickt pfeilartige Energieimpulse aus und kann beunruhigend wirken. In Einzelfällen ist sie dennoch eine hervorragende Pflanze für Menschen, die es nicht gelernt haben, sich zu wehren.
- ***Cactaceae*, Kakteen:** Je länger und spitzer die Stacheln sind, desto angriffslustiger sind die Pflanzen auch energetisch. Ihre positive Seite: sie wehren von außen kommende Störungen gut ab.
- ***Euphorbia pulcherrima*, Weihnachtsstern:** Marktpflanze fürs Weihnachtsgeschäft, die leider in Monokulturen mit sehr schlechter Erde in Massen gezüchtet und mit chemischen Wuchsstoffen behandelt wird. Selbstgezogene Pflanzen besitzen aber eine gute Energiequalität, die auf das Nervensystem und den Körper aktivierend wirkt.
- ***Neoregelia*, Neoregelie:** Die nach außen gehenden Energiepfeile wirken wie Stacheln und verbreiten eine beunruhigende, teilweise bedrohliche und aggressive Stimmung. Allerdings hält sie „böse" Nachbarn fern und schützt vor negativen Emotionen.
- ***Sansevieria trifasciata*, Bogenhanf:** Die Pflanze ist der Kämpfer unter den Zimmerpflanzen. Jegliche positive wie negative Emotionen oder Stimmungen werden in verstärkter Weise vom Bogenhanf potenziert.
- ***Yucca*, Palmlilie:** Die aggressive, kantige, blitzartige Energie läßt den Choleriker explodieren und sorgt für Unruhe in allen Räumen. Im Freien als Kübelpflanze kann sie hingegen eine hervorragende Schutzpflanze oder Abgrenzung sein.

Die 8 stärksten

Bei dieser Auswahl handelt es sich um eine von mir subjektiv auf Grund persönlicher Erfahrung getroffenen Entscheidung. Sie sollten sich nur dann auf die vorgegebene Liste beziehen, wenn Sie nachgelesen haben, ob Ihnen diese Pflanze in der Beschreibung entspricht. Verlassen Sie sich lieber auf Ihre eigene Intuition! Sollten Sie sich für eine Pflanze als Geschenk entscheiden, kann die Liste hilfreich sein – auch bei der Einrichtung von Gemeinschafts- oder Büroräumen können Sie sich auf die genannten Pflanzen stützen.

***Bambusa vulgaris* Zimmerbambus:** Zierbambus sorgt für eine wunderbare Hausenergie, die auf Menschen und auf Tiere wirkt. Die Energie der Schwingung ist sehr fein und hoch. Sie steigert deshalb hervorragend unsere Kreativität und Sensitivität.

***Chlorophytum comosum* Grünlilie:** Die Grünlilie bindet hervorragend Wohngifte, verbreitet beim Bezug einer neuen Wohnung oder eines neuen Hauses eine gute Stimmung, verwandelt schlechte Energie in positive und ist ein ausgezeichneter Kraftquirl.

***Citrus* Zitronen/Orangenbaum:** Die Pflanze riecht sehr gut und trägt ganzjährig Blüten, Blätter und Früchte. Sie füllt jedes Zimmer mit Freude, guter Laune und viel Lust auf Leben. Ihre wolkenartige Energie wandelt negative Schwingungen in positive um.

***Dracaena* Drachenbaum:** Der Drachenbaum hat eine für den Menschen sehr angenehme Schwingung. Er ist ein absoluter Energiepuscher, indem er seine Energie einem Springbrunnen gleich ständig nach oben abgibt. Baut gut chemische Schadstoffe ab.

Energiepflanzen

***Hedera helix* Efeu:** Die pflegeleichte Pflanze. spornt an, ihre Energie ist ständig nach vorne ausgerichtet. Efeu hat eine absolut positive Wirkung und hilft Menschen, selbst aus den verfahrensten Situationen wieder herauszufinden.

***Oncidium papilio* Schmetterlingsorchidee:** Die absolute Flirtpflanze wird besonders von den Frauen geliebt. Sie vermittelt Selbstbewußtsein und Durchsetzungsvermögen und fördert die Offenheit für andere Menschen bis zum erotischen Kontakt.

***Nephrolepis* Schwertfarn:** Dieses Gewächs wirkt wie ein reinigender Filter auf das Nervensystem. Es ist ein besonders guter Gefährte für Menschen, die sehr viel geistige Arbeit leisten und gezwungen sind, sich in einem Team zurechtfinden zu müssen.

***Rosa chinensis* Topfrose:** Die Topfrose öffnet unsere Herzen. Sie hat die feinste und höchste Schwingung aller Blumen – allerdings nur, wenn sie blüht. Sie fördert die Liebe zur Schöpfung, zu den Tieren sowie die freundschaftliche Liebe zu den Menschen.

Die 12 wichtigsten

Wellenartige Schwingung (links): Läuft vom Zentrum der Pflanze aus nach allen Seiten. Neutralisiert negative Störungen wie Elektrosmog und Ängste in Beziehungen oder am Arbeitsplatz.

Fächerartige Schwingung (rechts): Breitet sich wie ein Fächer aus der Pflanze heraus bis zu den Blattspitzen. Wirkt im Raum wie ein langsam drehender Ventilator, der die Energie dorthin verteilt, wo sie gebraucht wird.

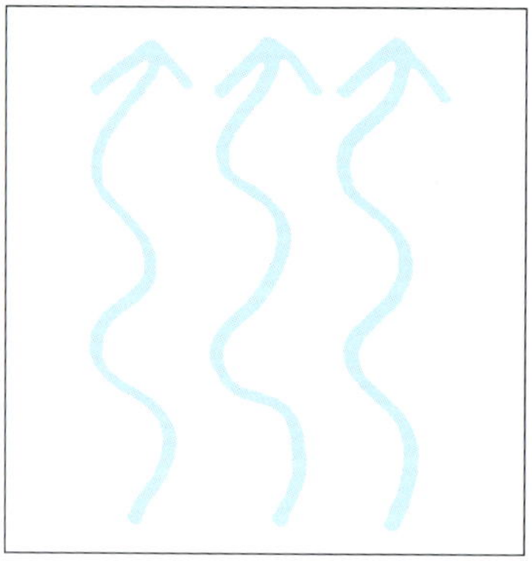

Wolkenartige Schwingung (links): Dehnt sich wolkenartig nach allen Seiten aus. Gibt sehr viel Energie ab und eignet sich deshalb gut für Energieaufbau oder Rekonvaleszenz. Verträgt sich mit allen anderen Schwingungen.

Springbrunnenartige Schwingung (rechts): Starke konzentrische Energie wird springbrunnenartig vom Stamm der Pflanze abgegeben und steigt dann wieder nach oben. Bei gesunden Pflanzen verläuft die Energie im Kreislauf.

Windartige Schwingung (links): Gibt als rotierende Kraft im Raum viel Lebensfreude an Menschen, Tiere und andere Pflanzen ab. Deshalb erschöpfen sich die Pflanzen eher als andere und brauchen regelmäßige Ruhezeiten.

Wolkenartige Schwingung (rechts): Gleichmäßige, sanfte Energie für jedermann. Pflanzen sind Kraftspeicher, ohne sich zu erschöpfen, und dürfen nicht in die Nähe von Gewächsen mit pfeilartiger oder stacheliger Energie kommen.

Energieschwingungen

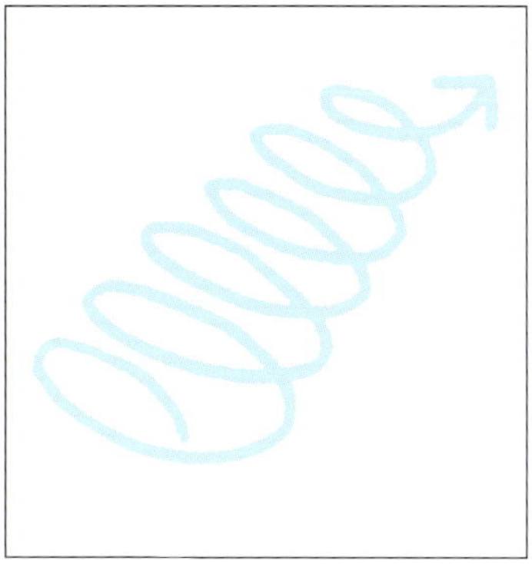

Spiralartige Schwingung nach oben (links): Energie fließt von den Wurzeln in die Stengel, um diese spiralartig herum bis in die Blattspitzen und Blüten, verläßt die Blüte in weit reichenden Kreisen.

Spiralartige Schwingung nach unten (rechts): Energie zieht sich zusammen, verdichtet sich in der Pflanze und wird dort gespeichert. Hilft Menschen, die sich nur schwer konzentrieren und entscheiden können.

Stachelige, kantige Schwingung (links): Wirkt auf die meisten Menschen unangenehm bis bedrohlich. Entsprechende Pflanzen müssen zum Arbeits- oder Schlafplatz mindestens 1 m Abstand haben. Sensible Menschen, Kranke und Kinder sollten diese Energie meiden.

Pfeilartige Schwingung (rechts): Kann provozierend oder verletzend wirken, bietet aber einen guten Schutz. Guter Aktivator, aber nicht für Kinder und Tiere geeignet.

Rotierende Schwingung nach außen (links): Die Energiespirale dreht sich vom Zentrum der Pflanze nach außen in immer größer werdenden Kreisen. Wirkt sehr anregend und kraftvoll, deshalb nicht mit wolkenartiger Schwingung kombinieren.

Rotierende Schwingung nach innen (rechts): Energie fließt in Kreisen von außen nach innen, wo sie sich verdichtet und gespeichert wird. Kommt ziemlich selten vor.

Welche feinstoffliche Bedeutung haben Blütenfarben?

Farben spielen in früheren und heutigen Therapien eine große Rolle. Farben wirken auf die Stimmung und können heilen. Instinktiv wählen wir bei der Auswahl von Kleidung oder Wohnaccessoires Farben, die unserem Gemütszustand entsprechen. Wir Menschen haben die Fähigkeit, mit unseren Augen Farben zu sehen und zu differenzieren. Nach der DIN-Norm ist Farbe jeder nicht formale optische Reizzustand, physikalisch ausgedrückt ist Farbe Licht verschiedener Frequenzen. Licht wiederum ist Energieschwingung. Blütenfarben sind demnach Energiespender, die besonders attraktiv verpackt sind.

Je nach Blütenfarben wirken die Schwingungen auf unterschiedliche Bereiche unseres Lebens.

Weiß — *Reinheit, Klarheit, Verbindung zum Höheren Selbst.*

Gelb — *Gefühle wie Wut, Eifersucht, Neid, Haß, Verliebtsein, Glück, Freude.*

Orange — *Erotik, Sexualität, Beziehungsfähigkeit, Sinnlichkeit.*

Rot — *Aggressionspotential, Sexualkraft, Erdverbundenheit, Aktivität.*

Blau — *Intellekt, strukturiertes Denken, Kreativität, Spontaneität.*

Lila — *Verbindung zur Seele, ethische Werte, universelle Liebe*

Energiepflanzen richtig plazieren

Machen Sie sich beim Kauf einer Pflanze kundig, welchen Standort, welche Wassergaben und wieviel Dünger Ihr neuer Hausgenosse braucht. Entnehmen Sie der entsprechenden Literatur Hinweise bezüglich Umtopfen, Vermehrung und Ruhezeiten. Achten Sie besonders im Winter auf die richtige Raumtemperatur und Luftfeuchtigkeit. Viele Kübelpflanzen müssen vor den ersten Frösten eingeräumt und im Winter weniger gegossen werden.

Lesen Sie beim jeweiligen Pflanzenporträt (Seite 38 bis 123) nach, für welche Räume und menschliche Temperamente die gewünschte Zimmerpflanze geeignet ist. Stellen Sie keine aktivierende Pflanze neben Ihr Bett. Im übrigen sollte man in ein Schlafzimmer auch von den beruhigend wirkenden Arten immer nur einzelne Exemplare plazieren. Pflanzen verbrauchen bekanntlich nachts genau wie wir Sauerstoff und geben Stickstoff in die Atemluft ab. Nachts fehlt ihnen nämlich das Licht, das sie tagsüber zu Sauerstofflieferanten macht.

Stellen Sie keine Pflanzen, die teilweise oder völlig giftig sind oder Giftstoffe absondern und somit Haut- und Schleimhautreizungen auslösen, in Ihre direkte Nähe oder die Ihrer Kinder. Achten Sie hierbei auch auf die Bedürfnisse Ihrer Haustiere.

Wegen seines haut- und schleimhautreizenden Milchsafts sollte der Weihnachtsstern nicht ins Schlafzimmer gestellt und von Kleinkindern ferngehalten werden.

Verknüpfungen mit anderen Bereichen

Im Kapitel „Wie Pflanzen kommunizieren" (Seite 12ff.) wurde am Beispiel der Aromatischen Pflanzenpflege gezeigt, wie Pflanzenschwingungen in ein Medium wie Wasser übertragen und wirksam werden können. Auch die klassische Homöopathie bedient sich unter anderem der „Energieinformation" aus Pflanzen, die hier selbst in extrem starken Verdünnungen wirksam wird. Weitere Parallelen im naturheilkundlichen Bereich bieten die klassische Phytotherapie (Pflanzenheilkunde) mit ihren Aufgüssen und Abkochungen aus Pflanzenteilen und die Aromatherapie, bei der mit den ätherischen Pflanzenölen gearbeitet wird. Nachstehend die wichtigsten Verknüpfungen.

Bachblüten

„Wie schöne Musik oder andere großartige, inspirierende Dinge sind die Blütenessenzen in der Lage, unsere ganze Persönlichkeit zu erheben und uns unserer Seele näher zu bringen. Dadurch schenken sie uns Frieden und entbinden uns von unseren Leiden. Sie heilen nicht dadurch, daß sie die Krankheit direkt angreifen, sondern dadurch, daß sie unseren Körper mit den schönen Schwingungen unseres Höheren Selbst durchfluten, in deren Gegenwart die Krankheit hinwegschmilzt wie Schnee an der Sonne. Wir werden gesund, wenn Körper, Geist und Seele in vollkommener Harmonie sind. Diese innere Harmonie ist die Voraussetzung für wahre Heilung."

Edward Bach

Das Prinzip der Pflanzenschwingung ist auch aus anderen Disziplinen bekannt. Der Arzt Dr. Edward Bach, der in den dreißiger Jahren in der Nähe von London lebte, und meiner Meinung nach über die drei genannten Fähigkeiten verfügte, war unzufrieden mit den Methoden der Schulmedizin, die diese für seelische und geistige Therapien einsetzte. Ganz besonders am Herzen lagen ihm ältere Menschen und Kinder, für die er bessere Behandlungsmodelle suchte. Mit der Erkenntnis, daß Krankheit immer eine ganzheitliche Ursache hat, gab er im Alter von 43 Jahren seine lukrative Praxis auf und widmete seine letzten Lebensjahre der Suche nach einer „einfacheren, natürlichen Heilmethode". In den folgenden sechs Jahren bis zu seinem Tod experimentierte er intensiv mit Pflanzen und entwickelte im Fortgang seiner Studien die nach ihm benannten Blütenessenzen. Sein Anliegen war es, Menschen in seelischen und geistigen Krankheitsprozessen mit unschädlichen und doch hochwirksamen Wirkstoffen zu helfen.

Bach unterschied zwei Herstellungsmethoden: die Sonnenmethode und die Kochmethode. Bei der Sonnenmethode werden die Blütenblätter der ausgewählten Pflanze morgens, nachdem die Tautröpfchen verdunstet sind, gesammelt und sofort in ein Keramik- oder Porzellangefäß mit frischem Quellwasser gegeben. Die Sonne dient als Katalysator und bewirkt, daß die Schwingung der Blüten an das Wasser abgegeben wird. Die Fertigstellung der Essenz kann je nach Pflanze nur wenige Minuten, allerdings auch einige Stunden in Anspruch nehmen. Die Essenz wird gefiltert und zur Haltbarmachung mit Alkohol versetzt.

Bei der Kochmethode, die hauptsächlich bei Wurzeln und Rindenteilen Anwendung findet, werden die Pflanzen in Wasser erhitzt und gekocht. Der Sud wird gefiltert und ebenfalls mit Alkohol haltbar gemacht.

Weltweit finden Bachblüten seit über 60 Jahren erfolgreiche Anwendung und mittlerweile in großen Teilen der Schulmedizin gebührende Anerkennung. Es gibt 38 klassische Bachblüten wie z.B. Eiche (Oak), Rotbuche (Beech), Tausendgüldenkraut (Cen-

taury), Olivenbaum (Olive), Gelbes Sonnenröschen (Rock Rose) oder Eisenkraut (Vervain), die man in Apotheken kaufen kann.
In der Nachfolge von Edward Bach wurden aber auch 38 neue Blüten auf ihren Energiegehalt hin geprüft. Darunter sind auch mehrere Pflanzen aus nichteuropäischen Regionen wie *Aloë, Hibiscus* und *Passiflora*, die wir als Zimmer- und Kübelpflanzen halten.

Essenzen aus Bachblüten wie dem Tausendgüldenkraut (Centaury) werden heute weltweit zur Theraphie verwendet.

Klassische Homöopathie

Der deutsche Arzt Samuel Hahnemann gilt als Begründer der klassischen Homöopathie. Er erkannte in seiner Tätigkeit die Begrenztheit der allopathischen Heilmittel. In Selbstversuchen erforschte er, daß je öfter ein Medikament verdünnt (potenziert) und verschüttelt wurde, andere Reaktionen und unerwartet positive Heilungsreaktionen erfolgten.
In den von ihm hergestellten und in Eigenversuchen getesteten Medikamenten wies er nach, daß bei einer Potenzierung über das 23fache hinaus keinerlei Moleküle der verwendeten Pflanze mehr existent waren und dennoch oder gerade deshalb die Schwingung, die in Wasser gelöst vorhanden war, den auslösenden Impuls für die Selbstheilung setzte.
Auf der Suche nach wirksameren Behandlungsweisen entwickelte er ein Konzept, wie Heilung erfolgen sollte: Den Schwerpunkt dieses Konzepts bildete die ganzheitliche Behandlungsmethode, in der nicht einzelne Symptome, sondern der körperliche, seelische und geistige Zustand des Patienten sowie seine momentane Lebenssituation beurteilt werden. Dabei unterteilte er in akute und chronische Krankheiten. Sein Wissen legte er in dem Buch „Organon der Heilkunst" nieder, das bis heute als wichtigstes Werk gilt.
Hahnemann vertrat zudem den Standpunkt, „daß natürliche Krankheiten nie durch schädliche Materie, sondern durch eine geistartige, feindliche Potenz erzeugt werden" und „daß es daher Aufgabe des Arztes sei, eine dem Lebensprinzip ähnlichst krankhaft zu verstimmen fähige künstliche Potenz (homöopathische Arznei) entgegenzustellen". Dies bedeutet zuerst den Geist zu heilen und dann den Körper.

Mit Hilfe der Sonnenmethode gewinnt man aus den Blüten des Stechginsters eine wertvolle Essenz.

Aromatherapie

Hier handelt es sich um eine seit uralten Zeiten angewendete Heilbehandlung mit Pflanzendüften. Der Naturwissenschaftler nennt die Düfte ätherische Öle (ätherisch = flüchtig, von griechisch „aither" = die obere Luft) oder Aromate. Etymologisch könnte ein Zusammenhang mit dem lateinischen Wort „aeternus" (= ewig) geknüpft werden. Im Altertum sahen die Menschen nämlich das Ewige Leben im feinstofflichen Äther. Düfte oder Aromate stellten die Verbindung zwischen Diesseits und Jenseits her. Man stimmte mit ihrer Hilfe durch Räucheropfer die Götter freundlich. Mit Ölen wurden hohe Persönlichkeiten gesalbt.

Düfte sind chemisch mit den Hormonen verwandt und wirken entsprechend auf Menschen, Tiere und Pflanzen. Das bekannteste Pflanzenhormon ist Ethylen, ein Duft, der von reifen Äpfeln ausgeschieden wird und zum Beispiel die Blütenbildung der Ananasgewächse anregt oder bei anderen Früchten Reifeprozesse auslöst. Die Rosenduftstoffe, die auf uns Menschen erotisierende Wirkung ausüben, wirken auch bei Hummeln und Ameisen als sexuelles Lockmittel. Alle natürlichen Düfte wirken beim Menschen direkt über das limbische System, einen der evolutionär ältesten Bereiche unseres Gehirns. Übrigens: Synthetische Düfte, wie sie heute immer häufiger zur Parfumherstellung verwendet werden, haben keinerlei energetische Wirkung.

Hüllt man Bromelien, die lange nicht blühen wollen, zusammen mit einigen Äpfeln zwei Wochen lang in eine Plastikhülle, regt das den Äpfeln entströmende Ethylengas die Blütenbildung an.

Die bekanntesten Duftträger unter den Pflanzen für Zimmer, Wintergarten, Balkon und Terrasse sind:

- Orangen- und Zitronenbaum (verschiedene *Citrus*-Arten),
- Jasmin (*Jasminum*-Arten),
- blattduftende Geranien (*Pelargonium*-Arten),
- Gardenie (*Gardenia jasminoides*),
- Kranzschlinge (*Stephanotis floribunda*).

Phytotherapie

Die Wurzeln dieser Heilbehandlungsmethode reichen in Mitteleuropa bis in die mittelalterlichen Klöster zurück. Mittels kultivierter Kräutergärten und wild wachsender Pflanzen legten sich die einzelnen Orden im Laufe der Zeit ihre lebenswichtigen Medikamentenvorräte an, sie entwickelten im modernen Sinne Apotheken. Durch die Hebammen und die heilkundigen „Weisen Frauen" wurde das Basiswissen für die gesamte moderne Heilkräuterlehre gelegt.

In der Phytotherapie werden sowohl der Pflanzenkörper als auch die Essenz und die Schwingung verwendet. In meiner Praxis hat sich bewährt, heimische Pflanzen auszuwählen. Ihr Energiepotential ist unserem eigenen wesentlich ähnlicher als das tropischer Pflanzen, auch wenn es sich um die gleiche Pflanze handelt (z. B. Angelikawurzel).

Die Anwendungsbereiche sind sehr vielfältig. Sie können Öle zum Einreiben (z. B. Johanniskrautöl), Pulver zum Einnehmen (z. B. Ingwer) und Tinkturen (z. B. Arnika) selbst herstellen. Weiterhin helfen Umschläge, Salben, Inhalationen, Bäder und Säfte rasch gegen verschiedenste Beschwerden. Eine Tasse Kamillentee bei Magenschmerzen ist reine Phytotherapie. Hier helfen der entzündungshemmende Wirkstoff der Kamille, das ätherische Öl, und die energetische Schwingung der Pflanze.

Der echte Jasmin, Jasminum officinale, besitzt Blüten, deren Duft erotisierend wirkt. Kein Wunder, daß Jasminblütenöl zu den wertvollsten Duftbestandteilen teurer Parfums zählt!

Üppig blühende Ampeln ziehen nach der chinesischen Harmonielehre Feng Shui gute Energien an und wirken zudem in Räumen als Verteiler für zu schnell durchrasende Kräfte.

Feng Shui

Pflanzen können sich als „Angreifer" oder als „Harmonievermittler" in Räumen ganz gezielt plazieren lassen. Das Ziel der chinesischen Lehre des Feng Shui ist es, eine Erhöhung der Raumenergie zu erzielen. Dies wiederum gibt uns Menschen Harmonie, Wohlbefinden, Leistungsfähigkeit, Gesundheit, Glück und Reichtum. In diesem komplexen System, das hilft, die Energie bewußt durch unsere Wohnräume zu lenken, sind Pflanzen eine Möglichkeit zur Aktivierung und Harmonisierung.

Stellen Sie niemals Zimmerpflanzen in die direkte Linie zwischen Tür und Fenster oder zwischen zwei Türen, denn sie würden eingehen. Vermeiden Sie im Zimmer Pflanzen, die harte, eckige Formen und kantige, harte Blätter besitzen sowie alle Pflanzen mit Stacheln und Nadeln im Umkreis von mindestens 1 Meter zwischen Sitz-, Arbeits- und Schlafplatz. Sie würden von Ihrem feinstofflichen Energiefeld, Ihrer Aura, als unangenehm empfunden werden.

Umgeben Sie sich nur mit Pflanzen, die Ihrem persönlichen Geschmack entsprechen. Pflanzen, die Sie geschenkt bekommen und Ihnen nicht sympathisch sind, verschenken Sie am besten gleich weiter. Sie würden durch Ihre Antipathie wahrscheinlich nicht gedeihen oder sogar das Energieniveau in der Wohnung reduzieren.

Wenn Sie mit Feng Shui scharfe Kanten, leere Ecken, Treppenabsätze, Wandvorsprünge und Erker harmonisieren wollen, wählen sie weichfließende, überhängende Pflanzen oder solche mit rundlichem Laub.

Blüten- und fruchttragende Pflanzen bringen mehr Energie als Blattpflanzen, große Gewächse mehr als kleine. Pflanzen mit rundem, weichem, schwingendem Laub strahlen laut Feng Shui für uns positivere Energien aus als solche mit harten, bedornten, spitzen, angreifenden Blättern. Je üppiger und wohlgeratener eine Pflanze sich präsentiert, desto üppiger ist die „Energiewolke", die sie umgibt. Sogenannte Ampelpflanzen mit kaskadenartiger Blütenpracht, aber auch Kronenbäumchen und Hochstämme sowie kugelig geschnittene Immergrüne wirken durch Schönheit und Ästhetik auf uns positiv.

Topfpflanzen mit guten Feng-Shui-Energien sind zum Beispiel:

- Orangen- und Zitronenbaum (*Citrus*-Arten),
- Geldbaum (*Crassula arborescens*),
- Leuchterblume (*Ceropegia woodii*)
- Marante (*Maranta leuconeura*),
- Geigenfeige (*Ficus lyrata*),
- Zimmerwein (*Cissus*-Arten),
- Alpenveilchen (*Cyclamen*-Arten),
- Blütenbegonien (*Begonia*-Arten).
- Bougainvillee (*Bougainvillea*-Arten),
- Ritterstein (Hippeastrum-Hybriden),
- Geranien (Pelargonium-Hybriden),
- Pantoffelblume (*Calceolaria*-Arten),
- Kamelie (*Camellia*-Arten),
- Strauchmargerite und Topfchrysantheme (*Chrysanthemum*-Arten),
- Roseneibisch (*Hibiscus rosa-sinensis*).

Kugelig geformte Hochstämmchen sind nicht nur eine Augenweide, sie laden – nach Feng Shui – auch gute Geister zum Verweilen ein. Sie sind die idealen Pflanzen rechts und links von einer Eingangstür.

Auch die Auswahl von Übertöpfen (Farbe, Form, Material) wirkt sich auf die Energieschwingung der Zimmerpflanze aus. Pflanzen, die wie Zypergras viel Wasser brauchen, niemals in rote, runde Übertöpfe stellen, da diese vom Feng Shui dem Feuerelement zugeordnet sind. Für genauere Informationen empfehle ich Ihnen ein Feng-Shui-Buch.

Voraussetzung für die volle Entfaltung der Pflanzenenergien ist natürlich eine artgerechte und liebevolle Pflege. Im übrigen ist die Beschäftigung mit Pflanzen, das Arbeiten mit Erde an sich schon gutes Feng Shui, denn mit diesen Tätigkeiten, die Körper und Seele in Einklang bringen, kommen wir auch mit der Natur wieder ins reine. Und das ist eines der wichtigsten Anliegen dieser altchinesischen Philosophie.

Pflanzenpflege neu betrachtet

Die klassische Pflanzenpflege besteht aus Gießen, Düngen, Umtopfen, Rückschnitt und Pflanzenschutz. In unserem Porträtteil (Seite 37 ff.) gehen wir kurz darauf ein. Aber es gibt noch weitere Möglichkeiten, das Gedeihen und Blühen unserer Grün- und Blütenpflanzen wirksam zu unterstützen. Diese Möglichkeiten haben ebenfalls mit Energieschwingungen zu tun.

Verstärkung der Energie durch Gruppenbildung

Wer mit offenen Augen durch die Natur geht, kann beobachten, daß Pflanzen nicht nur gern unter ihresgleichen leben, sondern auch die Gesellschaft anderer suchen. In der Natur geschieht dies ohne unser Zutun. Im Garten wie auch im Haus liegt es an uns, wen wir zusammenpflanzen oder -stellen. Die Wissenschaftler Dagny und Imre Kerner liefern in ihrem Buch „Der Ruf der Rose" Beweise dafür, daß Pflanzen außer über Botenstoffe auch über Energiefelder und Energiebahnen kommunizieren.

Es gibt Pflanzen, die lieb und schüchtern wirken wie Usambaraveilchen oder Mini-Cyclamen. Pflanzen Sie sie zusammen in eine Schale – sie blühen im wahrsten Sinne des Wortes auf!

Man kann davon ausgehen, daß alle Pflanzen, die für sich eine Persönlichkeit darstellen – der Gärtner spricht von Solitärs – auch am besten allein stehen. Das können sehr große Pflanzen sein wie Palmen und andere Zimmerbäume, aber auch Pflanzen, die aggressiv und angreifend wirken, also scharfe, lanzettenförmige Blätter tragen, die vielleicht sogar noch mit Zähnen, Dornen und Haken bewehrt sind wie zum Beispiel die Palmlilie. Pflanzen, die ein wenig lieb und schüchtern wirken wie etwa Mini-Alpenveilchen oder Usambaraveilchen, aber auch Blattschönheiten wie kleinlaubige Ficus-Arten fühlen sich zusammen mit Artgenossen wohl. Je feiner, graziler und weicher eine Pflanze in Erscheinung tritt, um so sensibler ist ihre Schwingung. Stellen Sie sich einen Frauenhaarfarn neben einer Palmlilie vor. In nicht allzu langer Zeit wird die Palmlilie sich gegen den Farn durchgesetzt haben und er wird eingehen.

Verstärkung der Energie durch Musikschwingung

Die Tonfrequenzen von Musik wirken wissenschaftlich erwiesen auf Pflanzen. Menschen reagieren emotional und körperlich unterschiedlich auf Musikschwingungen. Genauso fühlen Pflanzen. Wenn Sie selbst Chopin oder Mozart lieben, können Sie sicher sein, daß Ihre eigenen Pflanzen von dieser Musik ebenso angetan sind.

Verstärkung der Energie durch die Aromatische Pflanzenpflege

Pflanzen lieben Mozart und Vivaldi, sicher auch Chopin. Bei dauernd hämmernder Techno-Musik lassen sie schnell die Blüten und Blätter fallen. Wer könnte es ihnen verdenken – auch wir Menschen reagieren darauf mit Befindlichkeitsstörungen.

Wie dieses rein biologische Pflanzenstärkungs- und -schutzmittel wirkt, wurde bereits auf Seite 13 beschrieben. Die Methode, die 1993 einen Umweltpreis erhielt, wird bereits seit Jahren erfolgreich in der Landwirtschaft, im Erwerbsgartenbau, in Kräuterplantagen und im Weinbau angewendet. Das Mittel ist auch in kleineren Abmessungen für den Zimmergärtner erhältlich.

Verstärkung der Energie durch Edelsteine

Edelsteine können mit ihrer nachgewiesenen Wirkung als Energieaktivatoren direkt in die jeweilige Pflanze eingetopft werden. Ich bevorzuge es, Edelsteine ins Gießwasser zu legen und nach einigen Stunden damit die Zimmerpflanzen zu gießen. Geeignet sind dazu alle hellen und durchsichtigen Steine, besonders Bergkristall, Rosenquarz und Aquamarin. Eine „Überenergetisierung" ist ausgeschlossen.

Verstärkung der Energie durch Aktivierung des Gießwassers

Jegliche Art von Filter, die gegen Kalk wirken und das Wasser weicher machen, sind für die Aktivierung des Gießwassers positiv. Sollten Sie eine Wasserfilteranlage in Ihr Haus eingebaut haben (z. B. Granderwasser), lassen Sie dies auch Ihren Pflanzen zugute kommen.

Verstärkung der Energie durch Liebe

Sprechen Sie laut oder in Gedanken mit Ihren Pflanzen! Teilen Sie Ihre eigenen Emotionen wie Freude, Glück, Ausgelassensein, Verliebtsein und andere positive Gefühle mit Ihren Zimmerpflanzen. Loben Sie die Pflanze ganz bewußt für jedes neue Blatt und jede neue Blüte.

Die 86 wichtigsten Energiepflanzen von A bis Z

Auf den folgenden Seiten habe ich eine Auswahl von 86 Pflanzen fürs Haus getroffen und ihre individuellen Energien skizziert. Die einzelnen Porträts sind wie folgt aufgebaut:

Jedes Porträt beginnt mit einer **Abbildung** der Pflanze. Es folgen der **botanische,** international gültige **Name** sowie die **deutsche Bezeichnung** der Pflanze. **Aussehen, Heimat** sowie **Standort** und **Pflege** werden in diesem Zimmerpflanzen-Ratgeber nur kurz angesprochen.

Meine persönlichen Interpretationen über die feinstoffliche Qualität stehen unter **Wirkungsweise.** Bei **Besonderheiten** finden Sie persönliche Tips rund um die Pflanze sowie Angaben zur Positionierung im Haus. Bei Pflanzen, die Schadstoffe nachweislich abbauen, wird dies unter **Ökologie** vermerkt.

Ganz zum Schluß wird unter **Schwingung der Pflanze** auf die jeweilige Energiequalität hingewiesen. Das Symbol dazu finden Sie in der Marginalspalte neben dem Porträt.

Pantoffelblumen (links) sind überaus beliebte Balkonblumen. Vielleicht, weil sie so eine fröhliche Ausstrahlung haben? Ihre Energieschwingung wird mit kreisend, von außen nach innen wirbelnd, beschrieben.

Die Wüstenrose bündelt Energie und zieht sie spiralförmig zusammen.

Adenium obesum

Wüstenrose

Die anmutige Pflanze aus der Familie der Hundsgiftgewächse besitzt einen dicken Stamm und schmale, ledrige Blätter. Die wunderschönen rot-weißen Blüten erscheinen oft zweimal jährlich.

Heimat: Südarabien, Uganda, Kenia, Tansania.

Standort/Pflege: Die Wüstenrose braucht volle Sonne und einen windgeschützten Platz. Man sollte die Pflanze stets feucht halten, doch nicht zuviel gießen, da sonst die Wurzeln absterben. Topf am Fenster ab und zu drehen, um einseitiges Wachstum zu verhindern.

Wirkungsweise: Die Pflanze wirkt zentrierend und hilft besonders Menschen, die ihre Gedankenflut zu Zerstreutheit und unproduktivem Handeln verleitet.

Besonderheit: Der beim Beschneiden oder Abknicken von Pflanzenteilen austretende Milchsaft ist giftig! Deshalb die Wüstenrose von Kindern und Haustieren fernhalten. Die Pflanze bewährt sich besonders am Arbeitsplatz und gehört auf keinen Fall ins Schlafzimmer.

Schwingung der Pflanze: Bündelt Energie und zieht Energie zusammen.

Adiantum

Frauenhaarfarn

Einige Arten der zu den Frauenhaargewächsen gehörenden Pflanzen, wie beispielweise *Adiantum tenerum* und *Adiantum raddianum,* sind wegen ihre feingefiederten, grazilen Blätter als Zimmerpflanzen sehr beliebt. Seinen Namen verdankt der Farn der Tatsache, daß die dünnen schwarzbraunen, glänzenden Blattstiele früher mit Frauenhaar verglichen wurden.

Heimat: Alle tropischen Gebiete der Erde.

Standort/Pflege: Die Pflanze braucht einen halbschattigen Standort mit hoher Luftfeuchtigkeit. Das Gießwasser sollte kalkarm, weich und zimmerwarm sein. Besonders in Heizperioden kann man mit Sprühen die Luftfeuchtigkeit erhöhen.

Wirkungsweise: Wirkt bevorzugt auf das Nervensystem (Parasympatikus) und durchblutungsfördernd im Hand- und Fußbereich. Ängstliche Menschen erhalten Impulse „sich auszubreiten" und sich aus ihrer selbstgewählten Isolation zu befreien.

Besonderheit: Hilft besonders die eigene weibliche Energie (Yin-Kraft) zu stärken. Frauenhaarfarn sollte nicht mit „angreifenden" Pflanzen, die stachelige oder scharfkantige Pflanzenteile besitzen, kombiniert werden. Er würde neben solchen Nachbarn nicht gedeihen und seine Wirkungsweise einbüßen.

Schwingung der Pflanze: Weiche, ruhige Energiewellen, die sich vom Zentrum der Pflanze nach außen ausbreiten.

Vom Zentrum des Frauenhaarfarns breiten sich weiche, ruhige Energiewellen aus.

Die Lanzenrosette schickt abwehrend wirkende Energieströme in Impulsen aus.

Aechmea

Lanzenrosette

Pflanze aus der Familie der Ananasgewächse mit langen, meist dicht bestachelten Blättern, die weiß gebändert und marmoriert sind. Die haltbaren Blütenstände sind zum Teil mit hübsch gefärbten Hochblättern versehen.

Heimat: Brasilien.

Standort/Pflege: Pflanze an einem hellen und nicht zu warmen Standort gleichmäßig feucht halten, Staunässe sollte allerdings vermieden werden. Den Topf ab und zu drehen, um einseitiges Wachstum zum Licht zu vermeiden.

Wirkungsweise: Die Pflanze hilft Menschen, die ihr „weiches Inneres" hinter einem „kratzigen Äußeren" verstecken. Alle, die sich ständig angegriffen fühlen und ihre sensible, weiche Seite schlecht zeigen können, ermutigt die Lanzenrosette, ruhig zu werden und Liebe und Freude zu zeigen. Kranke oder harmoniebedürftige Menschen können durch die pfeilartigen Impulse ihr Gleichgewicht verlieren. Auch Kinder und Tiere reagieren oft negativ.

Besonderheit: Vorsicht in Gemeinschaftsräumen! Die Pflanze kann für den einen gut sein und andere aggressiv machen. Nicht ins Kinderzimmer stellen!

Ökologie: Lanzenrosetten bauen chemische Schadstoffe gut ab.

Schwingung der Pflanze: Analog der Blattform schickt sie Energieströme in Impulsen aus, die abwehrend wirken, so als wollte sie sagen: „Laß mich in Ruhe".

Aloë

Aloe, Bitterschopf

Liliengewächs, dessen niedrige, stammlose und rosettenbildende Arten besonders beliebt sind.

Heimat: Südafrika, Madagaskar.

Standort/Pflege: An einem sonnigen Standort und bei mäßigem Gießen braucht die problemlose Pflanze nur wenig Pflege.

Wirkungsweise: Bündelt Energie, wirkt stärkend und holt „Träumer" wieder auf die Erde zurück. Hilft unentschlossenen Menschen zur Tatkraft. Kann begrenzt vor Elektrosmog schützen!

Besonderheit: Die dickfleischigen Blätter enthalten einen Pflanzensaft, der heilend auf Haut und Schleimhäute wirkt (Anwendung in der Wundversorgung, Kosmetik und Medizin). Vorsicht: Während der Schwangerschaft ist von Aloe als Pflanze wie als Medikament abzuraten!

Verknüpfung: Aloe findet Verwendung in der Homöopathie (Magen, Darm, Haut), in der Kosmetik (Masken, Salben etc.), in der Schulmedizin (Verstopfung, Verbrennung) sowie äußerlich (bei Sonnenbrand, Hautverletzungen). Sie schützt vor Elektrosmog und negativen Energien.

Mythologie: Bei den karibischen Völkern und in ganz Lateinamerika ist die Aloe eine der verehrtesten Heilpflanzen. Es gibt kaum eine Krankheit, die nicht mit dieser Pflanze geheilt wird. In Mexico, Kolumbien und Venezuela nennt man sie „Sabila sagrada" (die Heilige Wissende) und glaubt, daß eine in der Pflanze wohnende Göttin die Menschen nach Opfer und Gebet mit Gesundheit, Reichtum und Frieden belohne. Die Guajiro-Indianer betrachten die Aloe als heiliges Wesen, weil sie immergrün ist, jede Trockenperiode überlebt und sogar ohne Wurzeln, auf dem Boden liegend oder in der Luft hängend, gedeihen kann. Diese Lebenskraft der Aloe überträgt sich auf einen Kranken und macht ihn gesund.

Ökologie: Verringert Schadstoffe, gibt nachts Sauerstoff ab und nimmt Kohlendioxid auf. Sehr gut für das Schlafzimmer geeignet!

Schwingung der Pflanze: Kräftige, kreisende, nach innen schneller werdende Energie.

Die Schwingung der Aloe kreist nach innen, wobei sie immer schneller wird.

Bei der Ziernanas werden die von der Blattrosette ausgehenden, zielgerichteten Energieschnüre umso schneller, je weiter sie sich den Blattspitzen nähern.

Ananas

Zierananas

Die zu den Ananasgewächsen gehörenden attraktiven Topfpflanzen besitzen große Blattrosetten aus stark gezähnten Blättern. Im Haus blühen die Pflanzen nur selten.

Heimat: Tropisches Mittel- und Südamerika.

Standort/Pflege: An sehr hellem Platz ohne pralle Mittagssonne regelmäßig reichlich mit kalkarmem Wasser gießen.

Wirkungsweise: Die Ananaspflanze macht nicht nur „müde Männer munter", sie aktiviert auch den Geist und unterstützt zielgerichtetes Denken und Handeln.

Mythologie: Die Indianer benutzen alle Bestandteile der Ananas. Sie gilt als harntreibende und verdauungsfördernde Frucht. Mit Currypulver gemischt, hat sie aphrodisische Wirkung.

Schwingung der Pflanze: Zielgerichtete Energieschnüre, die schneller werden, je weiter sie sich der Pflanzenspitze nähern.

Anastatica hierochuntica

Rose von Jericho

Beim Kauf sieht die Pflanze wie eine eingerollte vertrocknete Rosette aus Stielen und Blättern aus.

Heimat: Marokko bis Südiran.

Standort/Pflege: In zimmerwarmem Wasser öffnet sie sich nach einigen Stunden und wird nach wenigen Tagen kräftig grün.

Wirkungsweise: Die Rose von Jericho unterstützt die Rehabilitation nach Krankheit und nach Schwächeperioden. Sie aktiviert vor allem die Verbindung zur Erdenergie und hilft deshalb besonders Frauen in den Wochen nach der Entbindung.

Besonderheit: In trockenem Zustand kann die Pflanze Jahre überdauern, um dann wieder ihre volle Wirkung zu erlangen.

Schwingung der Pflanze: Von der trockenen Pflanze gehen nur wenige langsame Impulse aus. Als grüne, mit Wasser vollgesogene Pflanze entweichen kreisende Energiewirbel aus ihrem Inneren.

Aus dem Inneren der grünen, mit Wasser vollgesogenen Rose von Jericho entweichen kreisende Energiewirbel.

Die Famingoblume leitet Energie kanalartig von oben nach unten und wieder nach oben.

Anthurium

Flamingoblume

Als Vertreter der Aronstabgewächse fallen Flamingoblumen durch einen typischen weißen, orangeroten oder gelblichen Blütenkolben auf, der von einem interessanten roten, weißen oder gefleckten Hochblatt umgeben wird. Einige Arten zeichnen sich auch durch interessant geadertes Laub oder lange Blätter aus.

Heimat: Tropische Regenwälder Mittel- und Südamerikas.

Standort/Pflege: Pflanze an warmem, hellem oder halbschattigem, vor direkter Sonne geschütztem Platz mit kalkfreiem, temperiertem Wasser gleichmäßig feucht halten. Im Frühjahr oder Sommer öfter sprühen, jedoch nicht auf das gefärbte Hochblatt, sonst gibt es braune Flecken.

Wirkungsweise: Die Flamingoblume hat eine gute Ausstrahlung auf schüchterne Menschen, die eher den Kopf einziehen als sich zu produzieren, aber auch auf sehr kopfbetonte Menschen, die sich selbst nicht mehr spüren. Sie kann gut Energien umverteilen.

Ökologie: Die Pflanze baut Schadstoffe wie zum Beispiel Xylol, Toluol und Ammoniak ab und ist ein sehr guter Luftbefeuchter.

Schwingung der Pflanze: Leitet Energie kanalartig von oben nach unten und wieder nach oben. Besitzt eine fast harte Energie.

Araucaria heterophylla

Araukarie, Zimmertanne

Bei dem immergrünen Nadelbaum aus der Familie der Araukariengewächse, der im Zimmer eine Höhe von 2 m erreichen kann, stehen die Wedel ziemlich waagrecht.

Heimat: Norfolk und andere Inselgruppen zwischen Ostaustralien und Neukaledonien.

Standort/Pflege: Die Araukarie benötigt einen hellen, aber besonders während der Mittagsstunden vor direkter Sonne geschützten Platz und verträgt auch gut kühlere Räume. Regelmäßig mit temperiertem und kalkfreiem Wasser gießen. In geheizten Räumen, in die das Licht nur von einer Seite fällt, wachsen Araukarien nicht symmetrisch.

Wirkungsweise: Die Pflanze aktiviert alle Körperfunktionen, regt an und macht aktiv im Denken und Handeln.

Besonderheit: Die Pflanzen gehören vor allem in Arbeitsräume und Besprechungszimmer, sind jedoch nicht geeignet für cholerische Temperamente. Ihre Energie kann helfen, neue Aspekte von sich selbst kennenzulernen. Allerdings sollten Sie – wie die Zimmertanne, die „Raum" braucht, um gleichmäßig zu wachsen – sich ebenfalls „Raum" und „Zeit" für ihr eigenes seelisches und geistiges Wachstum geben.

Ökologie: Die Pflanze baut Schadstoffe ab und ist ein guter Luftbefeuchter.

Schwingung der Pflanze: Kräftige, raumeinnehmende Energie. Sehr präsent und nicht leicht zu ignorieren.

Die Araukarie besitzt eine sehr präsente raumeinnehmende Energie.

Der Zierspargel bildet je nach Struktur der Pflanze feinere bis stärkere Energiewirbel.

Asparagus

Zierspargel

Strauchartig wachsende Pflanze aus der Familie der Liliengewächse mit kurzem Erdstamm, aufrechten oder kletternden, verzweigten Stengeln und nadelförmigen bis rundlichen Scheinblättern. Manche Arten blühen auch.

Heimat: Afrika, Asien.

Standort/Pflege: Zierspargel benötigt einen warmen und hellen, aber nicht sonnigen Platz. Die Pflanze gleichmäßig mit temperiertem Wasser feucht halten und unbedingt ein Austrocknen vermeiden. In warmen Wohnräumen empfiehlt sich häufiges Übersprühen.

Wirkungsweise: Zierspargel ist ein Energieventilator, der je nach Art und Struktur der Pflanze die Wirkung steigert. Probleme, Projekte – alles, was nicht „in Fluß ist", wird aktiviert! Sehr gut geeignet zum Lernen und am Arbeitsplatz. Niemals in Schlafzimmer stellen!

Verknüpfung: Pflanze wird in der Homöopathie (Schwäche, Niere, Blase, Herz) und in der Volksmedizin (potenzstärkend, Aphrodisiakum) eingesetzt.

Schwingung der Pflanze: Je zarter die Struktur der Pflanze ist, desto feinere Wirbel bildet sie, je kräftiger und größer, desto dynamischere und stärkere Wirbel entstehen.

Bambusa vulgaris

Zimmerbambus

In ihrer Heimat wird die Graspflanze mehrere Meter hoch, im Topf bleibt sie wesentlich kleiner, kann aber je nach Art im Lauf der Zeit bis zu 2 oder 3 m Wuchshöhe erreichen. Das ungewöhnliche Blattschmuckgewächs mit vorwiegend grünen langen Halmen wird oft als bewurzeltes Stammstück angeboten.

Heimat: Tropisches Asien.

Standort/Pflege: Einen sonnigen und warmen Platz und gleichmäßiges Feuchthalten belohnt der Zimmerbambus mit filigranen Blättern und recht exotischem Aussehen.

Wirkungsweise: Der Zimmerbambus gibt Energie an Raum, Menschen und Tiere ab. Er wirkt sowohl als Katalysator als auch als Ruhepol. Er könnte durch seinen extrem hohen Gehalt an Kieselsäure (Quarz) esoterisch betrachtet als Informationsspeicher dienen.

Besonderheit: Der Bambus mit seinen weltweit 1000 verschiedenen Arten zählt in Asien zusammen mit Chrysantheme, Orchidee und Pflaume zu den vier Edlen der Pflanzenwelt und symbolisiert Buddha. Außerdem steht er für Biegsamkleit und Flexibilität bei gleichzeitiger Härte und verkörpert in der chinesischen Harmonielehre „Feng Shui" Energie und pragmatisches Durchsetzungsvermögen.

Verknüpfung: In der chinesischen Heilkunde wird das aus Bambusblättern gewonnene „Tabashir" als Asthmamittel, Aphrodisiakum und Gegengift geschätzt.

Schwingung der Pflanze: Gleichmäßig vibrierende Energiewolke, die nach außen immer schwächer wird.

Beim Zimmerbambus verläuft die Schwingung wie eine gleichmäßig vibrierende, nach außen schwächer werdende Energiewolke.

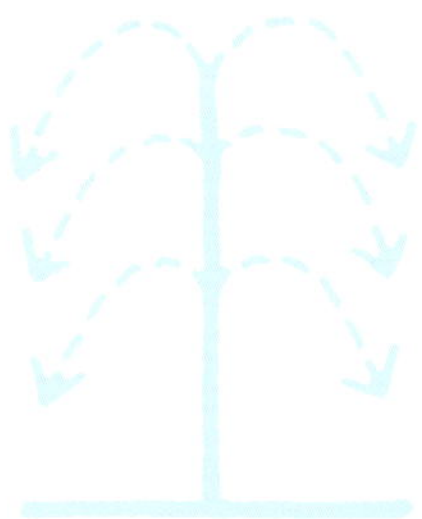

Der Elefantenfuß bringt die Erdkräfte nach oben und läßt sie über die Blätter wieder sanft nach unten rieseln.

Beaucarnea recurvata

Elefantenfuß, Flaschenbaum

Das in seiner Heimat baum- oder strauchartig wachsende Agavengewächs wird in Kultur bei guter Pflege etwa 1 m hoch. Seine langen schmalen Blätter entspringen aus einem knollig verdickten Stamm. Blüten erscheinen in Kultur nur selten.

Heimat: Mexiko.

Standort/Pflege: Pflanze an hellem, sonnigem Standort stets feucht halten, aber Staunässe vermeiden. Bei hohen Temperaturen gelegentlich sprühen. Übersteht auch längere Trockenzeiten durch den Wasserspeicher im verdickten Stamm.

Wirkungsweise: Sehr starke, erdende und beruhigende Energie, die vor allem nervösen und hyperaktiven Kindern helfen kann. Genauso können Menschen, die sich mit altem Kummer belasten, wieder neue Energie gewinnen.

Besonderheit: Im Pflanzenreich gehört der Elefantenfuß zur Gruppe der Überlebenskünstler. Sein sukkulenter Stamm ist ein Wasserspeicher, der es ermöglicht, auch lange trockene Durstperioden zu überstehen. Sein alter und vielen noch geläufiger Name ist Nolina.

Verknüpfung: Es ist anzunehmen, daß die Pflanze in der aztekischen Medizin ähnlich wie ihre Verwandte, die Agave, eine Rolle gespielt hat. Sie ist aber auch eng verwandt mit dem sagenumwobenen Drachenbaum der Kanarischen Inseln.

Schwingung der Pflanze: Die sanft überhängenden, manchmal leicht gedrehten schmalen Blätter wirken wie eine Wasserfontäne, die dem eher schwerfällig wirkenden Stamm mit Eleganz und Leichtigkeit zu entspringen scheint. Die Pflanze steht für kraftvolle, nach oben strebende Energie, die die Erdkräfte nach oben bringt und über die Blätter wieder sanft herunterrieseln läßt. In dieser lichthungrigen Pflanze steckt außerdem ein hohes Potential an Sonnenwärme.

Begonia-Semperflorens-Hybriden

Eisbegonie, Begonie

Die riesige Familie der Begonien umfaßt weltweit über 1000 Arten und unzählige Sorten. Neben Blatt-, Blüten- und Knollenbegonien erfreuen sich vor allem die Eisbegonien großer Beliebtheit. Sie verdanken ihren Namen den leicht brechenden Blättern. Eisbegonien gibt es in zahlreichen Blütenfarben. Die Farbpalette reicht von Weiß über unterschiedliche Rosatöne und Lachs bis zu dunklem Rot.

Heimat: Brasilien.

Pflege/Standort: Die Pflanzen bevorzugen einen hellen, sonnigen oder halbschattigen Platz und müssen mit kalkfreiem Wasser gleichmäßig feucht gehalten werden.

Wirkungsweise: Die heitere Ausstrahlung der Pflanze läßt den Alltagstrott vergessen und neue Ideen und Wunschvorstellungen entstehen. Sie versetzt fast in Ferienlaune.

Besonderheit: Ihre Wirksamkeit erhöht sich in Gruppenpflanzungen. Eisbegonien eignen sich sehr gut für Krankenhäuser, Altenheime und Menschen, denen „Gute-Laune-Energie" fehlt.

Ökologie: Durch ausgezeichnete Transpiration sorgt die Pflanze für einen guten Abbau von chemischen Schadstoffen.

Schwingung der Pflanze: Lockere, weiche, nach oben schießende Energiewirbel, die nach außen drängen.

Bei der Eisbegonie drängen locker nach oben schießende Energiewirbel nach außen.

Die Bougainvillee stößt aus einem warmen Energiepolster vibrierende Impulse aus.

Bougainvillea

Bougainvillee

Der kräftig wachsende Kletterstrauch, der zur Familie der Wunderblumengewächse gehört, kann 3–4 m hoch werden. Der üppige Flor aus violettfarbenen, roten, rosafarbenen, weißen oder orangefarbenen Hochblättern, zwischen denen kleine gelblichweiße Blüten sitzen, läßt sofort an den sonnigen Süden denken.

Heimat: Südamerika.

Standort/Pflege: Die Pflanze braucht einen sonnigen, warmen, wind- und regengeschützten Platz sowie während des Sommers gleichmäßige Feuchtigkeit. Sie ist sehr gut für Wintergärten oder Südfenster geeignet; kann im Sommer ins Freie gebracht werden. Bei Topfkultur sollten die Ranken an einem Gerüst oder Rundbogen aufgebunden werden, um die empfindlichen Blüten zu schützen.

Wirkungsweise: Starke, belebende, energetisierende Energie. Sehr gut für Rehabilitation und Stärkung nach Streß- und nach Schwächeperioden.

Besonderheit: Tiere lieben diese Pflanze; im Freien bauen Vögel oft ein Nest in die Zweige.

Schwingung der Pflanze: Warmes, pulsierendes Energiepolster, das vibrierende Impulse ausstößt.

Brunfelsia

Brunfelsie

Das hübsche Nachtschattengewächs wächst in seiner Heimat als immergrüner Strauch oder Baum. Es besticht durch seine ledrigen grünen Blätter und die je nach Sorte gelben, weißen oder hell- bis dunkelvioletten, tellerförmig flachen Blüten.

Heimat: Tropisches Mittel- und Südamerika.

Standort/Pflege: Voraussetzung für gutes Gedeihen ist ein heller und warmer, im Winter jedoch kühler Platz, an dem die Luft nicht allzu trocken ist. Pflanze gleichmäßig mit kalkarmem, temperiertem Wasser feucht halten. Will man ein reichen Blütenflor haben, muß man die Pflanze im Winter bei niedrigen Temperaturen kräftig mit Nährstoffen versorgen.

Wirkungsweise: Die Brunfelsie hilft besonders introvertierten Menschen, ihre Gefühle offen zu zeigen, und fördert Kreativität. Sie eignet sich ausgezeichnet für jeden Arbeitsplatz und läßt sich auch gut bei der therapeutischen Arbeit einsetzen.

Mythologie: Die Amazonasindianer heilen mit Brunfelsie Schlangenbisse und brauen einen Trunk daraus, den sie als Halluzinogen einsetzen. Sie vertrauen auf die aphrodisischen Kräfte der Pflanze. Die Wurzel enthält Alkaloide.

Schwingung der Pflanze: Kreisende Energie bewegt sich in Impulsen von innen nach außen.

Bei der Brunfelsie bewegt sich die Energie in Kreisen von innen nach außen.

Cactaceae

Kakteen

Die Familie der Kakteen umfaßt mehrere tausend Arten. Um an ihren extrem trockenen Standorten ihre Verdunstungsflächen möglichst klein zu halten und sich gegen Sonne und UV-Licht zu schützen, bildeten Kakteen bizarre Kugel- und Säulenformen und verwandelten die Blätter in Dornen. Außer Schwarz und Blau blühen sie in allen Farben.

Heimat: Wüstenartige Landschaftsgebiete, vor allem in Amerika.

Standort/Pflege: Die Pflanzen gedeihen an hellen, sonnigen Plätzen bei mäßigen Wassergaben.

Wirkungsweise: Kakteen schüchtern ein, verletzen energetisch oder machen aggressiv. Je länger und spitzer die Dornen sind, desto angriffslustiger ist die Pflanze. Menschen, die in Räumen mit Kakteen leben oder arbeiten, sollten einigen Abstand halten, weil sie sonst aggressiv oder depressiv werden könnten. Allerdings ist ein Kaktus ein ausgezeichneter Schutz gegen negative Energie, die von außen kommt, wie etwa Wasseraderkreuzungen.

Schwingung der Pflanze: Jegliche scharfe Dornen und Kanten wirken auf Menschen und auch Tiere bedrohlich.

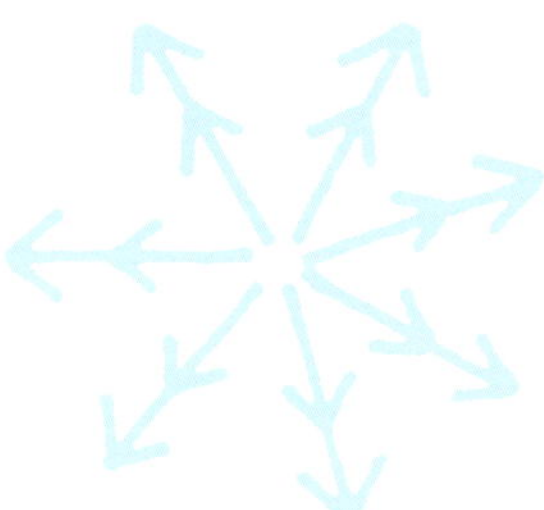

Bedrohliche Energieschwingung

Calceolaria

Pantoffelblume

Charakteristisches Merkmal dieser zur artenreichen Familie der Braunwurzgewächse gehörenden Pflanze ist die Unterlippe der Blüte, die zu einem schuhähnlichen Gebilde aufgeblasen ist. Die Farbpalette reicht von vielen Gelb- über Orange- zu diversen Rottönen. Meist sind die Blüten zweifarbig getupft oder getigert. Als Topfflanze haben nur die einjährigen *Calceolaria*-Hybriden Bedeutung, deren Blüten mehrere Zentimeter groß sind.

Heimat: Mittel- und Südamerika.

Standort/Pflege: Einen hellen, aber nicht sonnigen, bis halbschattigen Platz (z. B. Nordfenster) und reichlich Wassergaben, besonders im Sommer, belohnt die Pflanze mit üppigem Flor. Der Wurzelballen sollte stets feucht, aber nicht naß sein. Staunässe führt zu Wurzelschäden.

Wirkungsweise: Die Pantoffelblume wirkt aktivierend und fröhlich. Menschen, die niemanden an sich heranlassen und die oft die Rolle eines Clowns oder Helfers spielen, weil sie ihre Gefühle anderen gegenüber nur schwer zeigen können, öffnet die vielseitige Pflanze für ihre Umwelt.

Besonderheit: Arrangiert man mehrere Pflanzen zusammen, erhöht sich die Wirkungsweise.

Schwingung der Pflanze: Kreisende, spielerische Energie von außen nach innen wirbelnd.

Bei der Pantoffelblume kreist die Energie von außen nach innen.

Die Schwingung der Kamelie rotiert von innen nach außen.

Camellia

Kamelie

Immergrüner Strauch mit glänzend dunkelgrünen, ledrigen Blättern und attraktiven, großen, rosafarbenen, roten, weißen oder zweifarbigen Blüten.

Heimat: Ostasien.

Standort/Pflege: Kamelien bevorzugen einen hellen bis halbschattigen, nicht sonnigen Platz und wollen ganzjährig mit kalkfreiem Wasser mäßig gegossen werden. Sowohl Staunässe wie Ballentrockenheit müssen vermieden werden. Im Winter sparsam gießen.

Wirkungweise: Verschlossenen, schüchternen Menschen (vor allem weiblichen Geschlechts) kann die Energie der Pflanze helfen, sich Menschen gegenüber zu öffnen und sich ihrer eigenen Schönheit, Freude und Kraft bewußt zu werden. Wer die eigene Sexualität und Erotik innerlich ablehnt oder sehr schlechte Erfahrungen macht, wird durch die Pflanze Linderung seiner Probleme erfahren.

Besonderheit: Diese sehr „sensible" Pflanze, die liebevoll gepflegt sein will, ist nur für Räume geeignet, die keine besonderen Energiewechsel haben (Schlafzimmer, Meditationsraum, Wohnraum, der nicht von vielen Menschen bewohnt wird). Ungeeignet sind Gemeinschaftsräume, Wartezimmer, Arbeitszimmer etc. Kamelien vertragen sich nur mit sanften Energiepflanzen (keine Palmen, Kakteen etc.). Besonders rotblühende Pflanzen helfen bei sexuellen Problemen. Kamelien sollten immer vom gleichen Menschen versorgt werden.

Schwingung der Pflanze: Sehr weiche, zentrierte, nach außen rotierende Schwingung (wie ein warmer Frühlingswind).

Capsicum annuum

Zierpfeffer, Spanischer Pfeffer

Der mit dem Gemüsepaprika verwandte Zierpfeffer wird im Herbst und um die Weihnachtszeit als Topfpflanze angeboten. Nach der Blüte entwickelt er eiförmige oder spitz zulaufende gelbe, orangefarbene, rote, violette oder auch weiße Früchte. Bei der zu den Nachtschattengewächsen gehörenden Pflanze sind alle grünen Teile giftig. Die bunten Früchte enthalten das Alkaloid Capsicain.

Heimat: Mittel- und Südamerika.

Standort/Pflege: Pflanze an hellem bis sonnigem Standort gleichmäßig feucht, aber nicht naß halten.

Wirkungsweise: Zierpfeffer wirkt am besten in 1–3 m Abstand und kann bei Antriebslosigkeit, niedrigem Blutdruck und Konzentrationsschwäche gute Dienste leisten. Die Wirkung läßt sich noch steigern, wenn man mehrere Pflanzen nebeneinanderstellt. Vor allem am Arbeitsplatz aktiviert die Pflanze, allerdings Vorsicht bei cholerischem Temperament. Nicht ins Schlafzimmer oder Kinderzimmer stellen, von Kleinkindern fernhalten, die sich von den bunten Früchten angezogen fühlen.

Verknüpfung: Zierpfeffer findet Verwendung in der Homöopathie (Wirkung auf Haut, Schleimhaut, Magen, Darm, Innenohr), in der Aromatherapie (anregend gegen Ärger und Frustration, errektionsfördernd) und Schulmedizin (Wärmepflaster, Salben).

Besonderheit: Reibt man die Handflächen, bis sie warm werden, und hält sie dann in 10–20 cm Abstand über die Pflanze, fängt es bei sensiblen Menschen in den Handflächen zu kribbeln an!

Schwingung der Pflanze: Leitet Energie nach oben, durchblutet und regt an.

Beim Zierpfeffer wird die Energie nach oben geleitet.

Die feine, kreisende Energie der Leuchterblume bildet Wirbel.

Ceropegia woodii

Leuchterblume

Bei dem Seidenpflanzengewächs entspringen bis zu 2 m lange, fadendünne, kahle Stengel aus einem knolligen Wurzelstock. Die fleischigen nieren- oder herzförmigen Blätter sind oberseits hellgrün und silbrig marmoriert, unterseits rötlich gefärbt. Die violetten, wie kleine Kerzen aussehenden Blüten erscheinen ganzjährig.

Heimat: Südafrika.

Standort/Pflege: Die Pflanze braucht einen sonnigen Platz und muß ganzjährig mäßig feucht gehalten werden. Staunässe vermeiden!

Wirkungsweise: Leuchterblumen sorgen für fröhliche, heitere Stimmung, strahlen Ruhe und Gelassenheit aus und stabilisieren das Gleichgewicht von Körper, Geist und Seele.

Besonderheit: Je öfter sie diese Pflanze teilen und lieben Menschen schenken, um so mehr wird Freude und Liebe weitergegeben.

Schwingung der Pflanze: Feine, fließende, kreisende Energie, die Wirbel bildet.

Chamaedorea elegans

Bergpalme

Die zierliche Bergpalme gehört zu den beliebtesten Zimmerpflanzen. Sie hat einen dünnen Stamm und frischgrüne, leicht überhängende Wedel und bekommt schon als junge Pflanze Rispen mit runden gelben Blüten. Früchte werden im Zimmer nur selten ausgebildet.

Heimat: Mexiko, Guatemala.

Standort/Pflege: Die Pflanze hell bis halbschattig und luftfeucht plazieren. Im Sommer reichlich gießen und bei großer Hitze die Wedel übersprühen. Staunässe unbedingt vermeiden! Bei zu trockener Luft werden die Wedel braun.

Wirkungsweise: Die Bergpalme spricht Menschen an, die es allen recht machen wollen und wenig Eigenliebe und Selbstwert besitzen. Bescheidene, eher schüchterne Menschen werden von der Energie der Pflanze positiv motiviert. Sie eignet sich sehr gut für Büro, Praxiszimmer sowie, Gemeinschaftsräume, da sie für gute Luft sorgt.

Ökologie: Eine der besten Pflanzen zur Luftbefeuchtung und zum Abbau von Benzol, Formaldehyd und Trichlorethylen.

Schwingung der Pflanze: Weich, als ob man mit einem Fächer Luft/Energie zugewedelt bekommt. Die Palme ist ein „Energieventilator".

Weiche, ventilatorartige Energie

Heimat: Südafrika.

Standort/Pflege: Die Pflanze wächst fast an jedem Platz in der Wohnung und benötigt gleichmäßig feuchte Erde.

Wirkungsweise: Die für alle Räume geeignete Grünlilie sorgt stets für gute Laune. Besonders in scheinbar ausweglosen Zeiten oder bei festgefahrenen Projekten verleiht sie neue Energie. Für mich ist sie ein Symbol von körperlicher, seelischer und sogar geistiger Fruchtbarkeit.

Besonderheit: Diese Pflanze schafft es, in hohem Maße Wohngifte zu binden und sie umzuwandeln. Sie ist sehr zu empfehlen in Neubauten. Stellt man mehrere Grünlilien zusammen, potenziert sich ihre Energie.

Die Grünlilie versprüht ihre Energie wie ein Feuerwerk.

Chlorophytum comosum

Grünlilie, Graslilie

Das hübsche Liliengewächs gehört zu den ganz anspruchslosen Zimmerpflanzen. Seine langen, linealischen, grünen oder gelbgrün gestreiften Blätter stehen in einer dichten Rosette. Die kleinen sternförmigen Blüten erscheinen an gelben Trieben, an denen sich viel später auch zahlreiche Jungpflanzen (Kindel) entwickeln.

Ökologie: Pflanze baut Schadstoffe gut ab!

Schwingung der Pflanze: Sprühend wie ein Feuerwerk, an dessen Spitzen sich immer wieder neue Energiefunken bilden.

Chrysanthemum frutescens

Strauchmargerite

Die beliebte Kübelpflanze schmücken den Sommer über unzählige, weiße, gelbe oder rosafarbene Blüten. Das auffällige Laub ist fein geschlitzt und je nach Sorte grün, graugrün oder silbrig gefärbt. Neben buschigen Pflanzen werden auch kugelförmige Hochstämmchen angeboten.

Heimat: Kanarische Inseln.

Standort/Pflege: Die anspruchslosen, robusten Pflanzen blühen am üppigsten, wenn sie sehr hell und sonnig stehen und den Sommer über ausreichend gegossen werden.

Wirkungsweise: Die Pflanze wirkt belebend und harmonisierend auf den gesamten Organismus und spricht besonders Menschen an, die trotz Hektik einen kühlen Kopf behalten wollen.

Besonderheit: Die Anzahl und Größe der Blüten stehen für die „Power" der Pflanze. Ohne Blüten gibt die Pflanze nur sehr wenig Energie ab.

Ökologie: Baut Formaldehyd und Ammoniak ab.

Schwingung der Pflanze: Spiralartige Wirbel, die von der Blüte ausgehen und von innen nach außen laufen.

Bei der Strauchmargerite laufen spiralartige Wirbel von der Blüte nach außen.

Cissus

Klimme, Zimmerwein

Die zu den Weinrebengewächsen gehörenden Klimmen sind rankende immergrüne Blattpflanzen, die je nach Art unterschiedliche Wuchs- und Blattformen haben. In Kultur zeigen sie nur selten ihre unscheinbaren Blüten. Als Zimmerpflanze sind vor allem der Känguruhwein *Cissus antarctica,* der Königswein *Cissus rhombifolia* oder die Gestreifte Klimme *Cissus striata* beliebt.

Heimat: Tropen und Subtropen.

Die wirbelnde Energie der Klimme wirkt signalartig.

Standort/Pflege: Die Pflanzen brauchen einen hellen bis halbschattigen Platz ohne pralle Sonne und müssen stets mäßig feucht gehalten werden.

Wirkungsweise: Von Klimmen gehen positive und anfeuernde Impulse aus, die stetig im gleichen Rhythmus kommen. Besonders unentschlossene Menschen oder solche, die Routinearbeiten verrichten müssen, fühlen sich von der Pflanze angesprochen. Sie wirken jedoch negativ auf impulsive und cholerische Menschen und gehören niemals ins Schlafzimmer.

Besonderheit: Die Ranker eignen sich gut als Ampelpflanzen oder zum Begrünen von Raumteilern.

Ökologie: Gute Werte beim Abbau von Schadstoffen.

Schwingung der Pflanze: Wirbelnde, pulsierende Energie, die signalartig wirkt.

Citrus

Zitronen-, Orangenbaum

Die zu den Rautengewächsen gehörenden immergrünen Zitrusgewächse besitzen dunkelgrüne ovale, ledrige Blätter. Aus den weißen bis cremefarbenen Blüten entwickeln sich später verlockende Früchte. Blüten wie Blätter verströmen einen intensiven Duft.

Heimat: Asien, weltweit in den Tropen und Subtropen angebaut.

Standort/Pflege: Die Pflanzen benötigen einen hellen bis sonnigen Platz und gleichmäßige reichliche Wassergaben während des Sommers. Kalkhaltiges Wasser unbedingt vermeiden. Während der Blütezeit die Blütenblätter nicht berühren und keinen Standortwechsel vornehmen.

Wirkungsweise: Durch ihren Duft verstärken die Zitrusgewächse die Tiefenatmung und helfen bei Konzentrationsschwäche. Verkrampfungen im Hals- und Kopfbereich können gelöst werden. Sie können auch Schul- und Versagensangst abschwächen.

Verknüpfung: Die Pflanzen finden in der Homöopathie (Gesichtsneuralgien, Kopfschmerzen, Schwindel, gestörter Schlaf) und Aromatherapie (anregend auf Nervensystem, Schlaflosigkeit, Verkrampfungen) Verwendung.

Besonderheit: Zitrusgewächse reagieren auf kalte Zugluft. Sie sind für Babys und Kleinkinder nicht geeignet.

Schwingung der Pflanze: Beschwingte, weiche Energie, die sich wie eine Wolke um die Pflanze ausbreitet. Diese wandelt negative Schwingungen in positive um.

Die beschwingte Energie der Zitrusgewächse breitet sich wie eine Wolke um die Pflanze aus.

Die Kokospalme schießt ihre Energie pfeilartig von unten nach oben.

Cocos nucifera

Kokospalme

In ihrer Heimat zählt die Kokospalme wegen ihrer Nüsse zu den wichtigsten Nutzpflanzen und wird bis zu 30 m hoch. Das Palmengewächs wird heute vielfach als keimende Nuß angeboten, überdauert im Zimmer aber nur selten das erste Jahr.

Heimat: Tropen weltweit.

Standort/Pflege: Pflanze ganzjährig warm, luftfeucht und sehr hell plazieren, im Sommer vor praller Sonne schützen. Das Substrat mit zimmerwarmem Wasser gleichmäßig leicht feucht halten. Häufiges Einsprühen empfiehlt sich. Die Pflanze braucht auch im Winter viel Licht, daher ist eine Zusatzbelichtung während der kurzen Wintertage unentbehrlich.

Wirkungsweise: Heilsam wirkt die Kokospalme besonders auf die Menschen, die ihre innersten Gefühle, vor allem Aggressionen, Wut, Demütigung, Enttäuschung, nicht mitteilen können. Menschen, die Wärme, Licht und Liebe brauchen, fühlen sich besonders zur Kokospalme hingezogen.

Verknüpfung: In der schamanischen Medizin wird die Pflanze als Aphrodisiakum eingesetzt.

Schwingung der Pflanze: „Geballte Energie" schießt pfeilartig von unten nach oben der Sonne entgegen.

Codiaeum variegatum
var. *pictum*

Wunderstrauch, Kroton

Die wunderschöne, zu den Wolfsmilchgewächsen gehörende Pflanze zeigt eine Fülle von unterschiedlich geformten und gefärbten Blättern. Die Farbpalette reicht von Gelb, Orange, Grün bis Purpur und fast Schwarz. Es gibt auch gesprenkelte, gefleckte oder gestreifte Sorten. Die beliebte und verbreitete Topfpflanze neigt allerdings rasch zum Verkahlen, wenn sie nicht richtig gepflegt wird.

Heimat: Südostasien.

Standort/Pflege: Pflanze das ganze Jahr über luftfeucht, warm und sehr hell stellen, aber im Sommer vor praller Sonne schützen. Mit kalkarmem Wasser gleichmäßig feucht halten und viel sprühen. Jegliche Zugluft vermeiden. Im Winter weniger gießen. Niemals Wasser im Untersetzer stehen lassen.

Wirkungsweise: Der Wunderstrauch wirkt auf antriebsschwache Menschen motivierend. Außerdem gibt er Impulse, bei einer angefangenen Sache zu bleiben und sich durchzusetzen.

Besonderheit: Die Pflanze erhöht das Durchsetzungsvermögen und ist hervorragend für den Arbeitsplatz geeignet. Niemals ins Schlafzimmer stellen! Da der Milchsaft leicht giftig, haut- und schleimhautreizend ist, Vorsicht bei Kleinkindern!

Ökologie: Baut chemische Schadstoffe gut ab.

Schwingung der Pflanze: Sehr kräftige Energiewirbel von der Pflanze zu den Blattspitzen.

Beim Wunderstrauch drehen sich kräftige Energiewirbel von der Pflanze zu den Blattspitzen.

Crassula arborescens

Geldbaum, Dickblatt

Beim Geldbaum kreist die Energie gleichmäßig um die Pflanze herum.

Als Kübelpflanze wird der Geldbaum bis zu 1 m hoch. Er bildet einen dicken Stamm mit verzweigter Krone. Die an Geldstücke erinnernden rundlich-ovalen, graugrünen und weißgrau bereiften Blätter sind rot gerändert. Nur selten erscheinen im Sommer rosafarbene Blüten.

Heimat: Südafrika.

Standort/Pflege: Der anspruchslose Geldbaum benötigt einen ganzjährig hellen und sonnigen Platz und sollte im Sommer regengeschützt im Freien stehen. Während dieser Jahreszeit bitte sehr sparsam gießen.

Wirkungsweise: Führt zu guter Laune sowie Heiterkeit und hilft verschlossenen Menschen, aus sich herauszugehen.

Besonderheit: In der chinesischen Lehre des Feng Shui gehört der Geldbaum zu den Topfpfanzen mit guten Energien. Setzt man ihn zusammen mit Orangenbäumchen und blühenden Strauchmargeriten in den Reichtumsbereich einer Wohnung, verbessern sich die Finanzen. Beginnen 10 Jahre alte Geldbäume bei guter Pflege zu blühen, soll sich der Geldbeutel ebenfalls vergrößern.

Schwingung der Pflanze: Kleine Spiralen tanzen wie ein Schwarm Schmetterlinge heiter und fröhlich um die Blätter herum.

Cyclamen persicum

Alpenveilchen

Die zu den Primelgewächsen gehörende Knollenpflanze zeichnet sich durch ihre aparten langgestielten Blüten in vielerlei Farb- und Formvarianten und ihr schmückendes grünes oder marmoriertes Laub aus.

Heimat: Südeuropa und Mittelmeerraum.

Standort/Pflege: Pflanzen ganzjährig hell und kühl (nicht über 16 Grad Celsius) stellen und im Sommer leicht feucht, aber niemals naß halten. Nur auf die Erde und nie auf die Knolle gießen.

Wirkungsweise: Das Alpenveilchen aktiviert Herz und Kreislauf und bewirkt einen guten Herzrhythmus. Auch bei Einsamkeit und dem Gefühl, nicht geliebt zu werden, tröstet es.

Verknüpfung: Wird in der Homöopathie (Zentrales Nervensystem, weibliche Geschlechtshormone, Nase, Augen) eingesetzt.

Besonderheit: Durch liebevolle Pflege und Achtsamkeit wird das Alpenveilchen immer schöner, je älter es wird. Stellt man mehrere Pflanzen zusammen, erhöht sich die Wirkung.

Ökologie: Das Alpenveilchen baut chemische Schadstoffe ab.

Schwingung der Pflanze: Vom Zentrum ausgehende, gleichmäßige, warme Abstrahlung, die aktivierend und wohltuend wirkt.

Beim Alpenveilchen strahlt die Energie gleichmäßig vom Zentrum nach außen.

Standort/Pflege: Pflanzen ganzjährig hell, luftfeucht und warm plazieren. Außer *Cyperus albostriatus* vertragen Zypergräser ständige Fußbäder.

Wirkungsweise: Pflanze macht munter und bringt Energie in Räume. Wirkt wie eine Energiepumpe im Zimmer.

Besonderheit: Zypergras nicht ins Schlafzimmer stellen! Es eignet sich gut für Räume, in denen viele Aktivitäten stattfinden. Kinder lieben die Pflanze, und auch Katzen fühlen sich in ihrer Nähe wohl.

Schwingung der Pflanze: Wie ein Springbrunnen wird Energie von unten nach oben geleitet und mittels der Blätter wieder nach unten verteilt.

Beim Zypergras wird die Energie springbrunnenartig verteilt.

Cyperus

Zypergras, Papyrus

Die Riedgräser sind Sumpfpflanzen und bestechen durch ihre schirmartigen Blattschöpfe an langen schmalen Stielen und die filigranen Blütendolden.

Heimat: Tropen, Subtropen und gemäßigte Zonen.

Dieffenbachia

Dieffenbachie

Von den aparten Blattschmuckpflanzen, die zur Familie der Aronstabgewächse gehören, gibt es heute zahlreiche züchterische Varianten mit großen Blättern an dicken Stengeln. Diese unterscheiden sich in Größe und Form und durch ihre cremefarbene oder gelbliche Panaschierung.

Heimat: Tropisches Mittel- und Südamerika.

Standort/Pflege: Dieffenbachien brauchen einen ganzjährig hellen bis halbschattigen sowie warmen und luftfeuchten Platz und müssen regelmäßig mit kalkarmem, zimmerwarmem Wasser gegossen werden. Gelegentlich sollten die Blätter vorsichtig abgewaschen werden, welke entfernt man.

Besonderheit: Alle Teile der Pflanze sind giftig, daher ist sie nicht für Kinder und nicht für Tiere geeignet!

Ökologie: Die Pflanze sorgt für gute Transpiration und baut Schadstoffe wie Xylol und Toluol ab.

Wirkungsweise: Konzentration von Energien nach innen und oben. Sehr gut für „Kopfarbeiter" und Schreibtischmenschen. Aktiviert beide Gehirnhälften, hilft bei Durchblutungsstörungen im Gehirn.

Schwingung der Pflanze: Geht von innen nach außen und von unten nach oben.

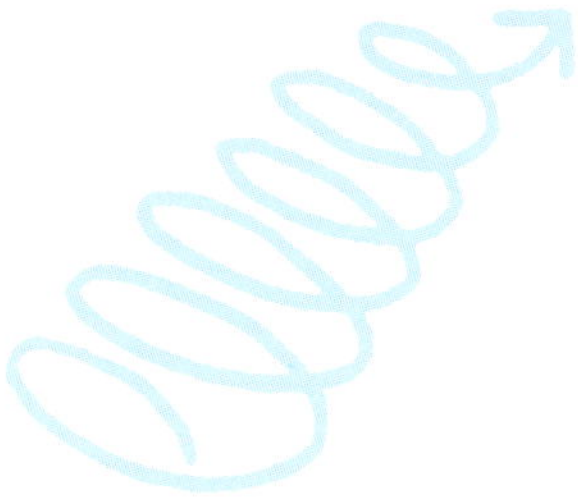

Die Energieschwingung der Dieffenbachie verläuft spiralartig von unten nach oben.

Die Venusfliegenfalle hat eine hohe, spiralartig nach oben schwirrende Energiefrequenz.

Dionaea muscipula

Venusfliegenfalle

Diese ungewöhnliche Pflanze, ein Sonnentaugewächs, gehört zu den großen Raritäten im Zimmer. Das fleischfressende Gewächs besitzt raffinierte zweiklappige und mit steifen Wimpern versehene Blattfallen. Berühren Insekten die Blätter der Pflanze, schnappen diese sofort zu.

Heimat: Vereinigte Staaten von Amerika.

Standort/Pflege: Venusfliegenfallen müssen ganzjährig luftfeucht und im Sommer kühl und schattig stehen. Man hält sie mit weichem Wasser gleichmäßig leicht feucht. Für gut geheizte Wohnräume ist die Pflanze nicht geeignet. Während des Winters darf die Raumtemperatur nicht über 12 °C liegen.

Wirkungsweise: Die Venusfliegenfalle aktiviert extrem und macht angriffslustig bis hyperaktiv. Sie kann bedrohend wirken, bei introvertierten, schüchternen Menschen leistet die Pflanze jedoch Wunder.

Besonderheit: Die Pflanze ist nicht für Kinder, Haustiere und kranke Menschen geeignet!

Mythologie: In den Märchen und Sagen der nordamerikanischen Indianer symbolisiert die zuschnappende Blattfalle die Vagina der Frau, die den eindringenden Penis umklammert oder abbeißt. Darin zeigt sich die Angst vor der multiorgasmischen Sexualkraft der Frau (tiefenpsychologische Deutung) und die Angst, entmannt zu werden!

Schwingung der Pflanze: Schwirrende, präsente Aktivität, die einer neugierigen Libelle vergleichbar ist. Hohe Energiefrequenz, die puschend wirkt.

Dracaena

Drachenbaum, Drazäne

Die zu den Agavengewächsen gehörenden dekorativen Blattpflanzen können auch im Zimmer eine stattliche Höhe erreichen. Sie bilden einen dicken Stamm, der von einem Schopf langer, mehr oder weniger breiter blaugrüner oder je nach Sorte farbig gestreifter oder gesprenkelter Blätter gekrönt wird. Ältere Pflanzen besitzen mehrfach verzweigte Stämme und können sogar blühen.

Heimat: Kanarische Inseln, Afrika, Madagaskar, Mauritius, Asien, südostasiatische Inseln.

Standort/Pflege: Der Drachenbaum benötigt ganzjährig einen warmen, hellen bis halbschattigen Standort; buntblättrige Sorten sollten heller stehen als einfarbige. Pflanze während des Wachstums stets mäßig gießen.

Wirkungsweise: Der Drachenbaum wirkt gleichmäßig anregend, belebend, harmonisierend, energetisierend und ausgleichend auf Menschen und Tiere.

Besonderheit: Sehr gute Zimmerpflanze, die für ein angenehmes Raumklima und gute Energie sorgt.

Ökologie: Alle Drachenbäume eignen sich hervorragend für den Abbau von chemischen Schadstoffen, besonders von Formaldehyd sowie Trichlorethylen, das in Laserdruckern und Fotokopierern enthalten ist.

Schwingung der Pflanze: Die gleichmäßigste und für den Menschen angenehmste Schwingung haben Sorten mit dickeren, weicheren und nach unten gebogenen Blättern. Wie ein freundliches Bächlein sprudelt und quirlt die Energie von unten nach oben und über die Blätter springbrunnenartig nach außen und unten. Je spitzer und schmaler die Blätter sind, desto stärker ist der Energiefluß.

Beim Drachenbaum sprudelt die Energie springbrunnenartig von unten nach oben und wieder zurück.

Epipremnum pinnatum

Efeutute

Diese zu den Aronstabgewächsen gehörende Kletter- und Hängepflanze hat hübsche grünweiß-, weißgrün- und grüngelbmarmorierte Blätter. Ihre meterlangen Triebe können ganze Wände verdecken.

Bei der Efeutute wirbelt die Energie rechts- und linksdrehend.

Heimat: Asiatische Waldgebiete, Pazifische Inseln.

Standort/Pflege: Die Pflanze gedeiht gut an einem hellen, halbschattigen bis schattigen Standort. Direkte Sonne ist unbedingt zu vermeiden. Da sie keine großen Lichtansprüche stellt, eignet sich die Efeutute hervorragend als Raumteiler. Die Pflanze muß im Sommer gleichmäßig gegossen werden, verträgt aber keine Staunässe. Auf niedrige Temperaturen reagiert die Efeutute empfindlich, verkraftet jedoch trockene Zimmerluft.

Wirkungsweise: Die Pflanze bringt die rechte und linke Gehirnhälfte in Einklang. Menschen, die zu kopflastig oder gefühlsbetont handeln, werden ausgeglichener.

Besonderheit: Der Pflanzensaft enthält haut- und schleimhautreizende Stoffe.

Ökologie: Die Pflanze sorgt für eine ausgezeichnete Transpiration und baut hervorragend chemische Schadstoffe ab. Sie ist deshalb bestens für alle Arten von Arbeitsräumen geeignet.

Schwingung der Pflanze:
Rechts- und linkswirbelnde Girlanden, die sich bis zur Pflanzenspitze vorranken. Dabei entstehen kleine, weiche Energiewirbel.

Euphorbia pulcherrima

Weihnachtsstern, Poinsettie

Zur Advents- und Weihnachtszeit gehört diese Pflanze aus der Familie der Wolfsmilchgewächse zu den beliebtesten Topfpflanzen. Sie besticht nicht durch ihre unscheinbaren, kleinen grünen Blüten, sondern durch ihre attraktiven Hochblätter, deren Farbpalette je nach Sorte von Rot, Rosa, Apricot und Creme bis zu Weiß reicht. Es gibt auch zweifarbige Hochblätter. Das Spektrum der Wuchsformen reicht von ein- oder mehrtriebigen Topfpflanzen über buschige Ampelpflanzen bis zu hübschen Hochstämmchen und Weihnachtsstern-Minis.

Heimat: Tropisches Mexiko und Mittelamerika.

Standort/Pflege: Pflanze hell, mittelwarm und luftfeucht stellen und Zugluft sowie zu warme und trockene Luft vermeiden. Mäßig gießen, aber keine Nässe aufkommen lassen. Gelegentlich sprühen.

Wirkungsweise: Der Weihnachtsstern aktiviert Herz und Kreislauf und sorgt gerade im Winter für gute Laune.

Besonderheit: Der Milchsaft des Wolfsmilchgewächses ist haut- und schleimhautreizend! Daher Pflanze nicht ins Schlafzimmer stellen und von Kleinkindern fernhalten! Leider wird der Weihnachtsstern wegen der großen Nachfrage heute oft in Monokulturen und in mit Pestiziden belasteter Erde gezüchtet; daher sollte man ihn nur in guten Fachgeschäften erwerben.

Ökologie: Pflanze baut chemische Schadstoffe ab.

Schwingung der Pflanze: Im Uhrzeigersinn drehende Energiekreisel, die anregend und belebend wirken.

Beim Weihnachtsstern kreiselt die Energie im Uhrzeigersinn.

Exacum affine

Blaues Lieschen, Bitterblatt

Beim Blauen Lieschen kreiseln die kleinen Energiewellen schnell.

Das Blaue Lieschen stammt aus der Familie der Enziangewächse und überrascht mit einer Fülle kleiner blauer bis violetter oder weißer Blüten mit auffallend gelben Staubbeuteln. Die Blüten verströmen einen angenehmen Duft.

Heimat: Tropeninsel Sokotra.

Standort/Pflege: Die Pflanze benötigt einen hellen, aber nicht sonnigen und warmen Platz und im Zimmer viel frische Luft. Sie muß regelmäßig mit weichem Wasser gegossen werden. Während des Sommers sollte das Blaue Lieschen nicht ins Freie gestellt werden, da es schlechtes Wetter übelnimmt.

Wirkungsweise: Das Blaue Lieschen aktiviert Lunge und Bronchien sowie das Denken. Auch Menschen, die immer wieder zu depressiven Verstimmungen neigen, lassen sich von der Anmut der Pflanze außerordentlich positiv beeinflussen.

Verknüpfung: Bachblütenessenz gegen Depressionen.

Besonderheit: Die liebenswerte Pflanze eignet sich nicht nur ausgezeichnet für Gemeinschaftsräume, sondern für alle Zimmer, in denen sich Kinder und Tiere aufhalten.

Ökologie: Das Blaue Lieschen sorgt im Zimmer für gute Luftfeuchtigkeit.

Schwingung der Pflanze: Kleine, schnell kreisende Energiewirbel, die tanzenden Glühwürmchen in einer schönen Sommerlandschaft ähneln.

Ficus benjamina

Birkenfeige

Die Birkenfeige, ein Maulbeerbaumgewächs, gehört mit ihren überhängenden Zweigen und ihrer zierlichen Belaubung zu den klassischen Blattpflanzen im Zimmer. Ihre eiförmigen, leicht ledrigen Blätter sind glänzend grün, es gibt aber auch buntblättrige Sorten.

Heimat: Tropisches Asien, Afrika, Amerika.

Standort/Pflege: Birkenfeigen wollen ganzjährig sehr hell, aber nicht vollsonnig, luftfeucht und im Sommer warm stehen. Gegossen wird mäßig, bei trockener Heizungsluft sollte man die Pflanzen allerdings öfter sprühen.

Wirkungsweise: Das Gewächs wirkt anregend und eignet sich gut für passive, introvertierte Menschen. Nur für Kleinkinder und Haustiere ist die Pflanze ungeeignet, da die Schwingung nicht harmonisch genug ist. Bei anstrengender Denkarbeit stört die Birkenfeige.

Besonderheit: Pflanze nicht ins Schlafzimmer stellen. Sie verursacht bei Kleinkindern immer wieder Allergien.

Ökologie: Birkenfeigen stellt man am besten neben Kopierer und Drucker im Büro, da sie den Abbau von Formaldehyd beschleunigen. Aber auch andere Schadstoffe wie Xylol, Toluol und Ammoniak werden abgebaut. Die Pflanzen sind auch gute Luftbefeuchter.

Schwingung der Pflanze: Spiralige Energiebündel, die nicht gleichgerichtet sind.

Die spiralartigen Energiebündel der Birkenfeige sind nicht gleichgerichtet.

Bei der Gardenie schwingt die Energie in gleichmäßigen Kurven.

Gardenia jasminoides

Gardenie

Die zur Familie der Krappgewächse gehörende Topfpflanze wirkt mit ihren großen, gefüllten, weißen Blüten, die betörend duften, und den dunkelgrünen, glänzenden Blättchen sehr majestätisch. Um die Jahrhundertwende machte die Pflanze vor allem als „Knopflochblume" Karriere.

Heimat: Riukiu-Inseln, Japan, China.

Standort/Pflege: Gardenien brauchen einen hellen, aber nicht sonnigen Platz und müssen stets leicht mit zimmerwarmem, entkalktem Wasser feucht gehalten werden.

Wirkungsweise: Die wunderschöne Pflanze stärkt besonders nach Krankheiten, Depression und Trauer und verhilft zu Freude, Optimismus und Harmonie.

Besonderheit: Das sensible Gewächs gedeiht nicht gut neben Lautsprecherboxen, Computern oder anderen Elektrogeräten und verträgt keine großen Temperaturschwankungen.

Schwingung der Pflanze: Sehr weiche, liebevolle Energie, gleichmäßig wie sanfter warmer Frühlingswind.

Guzmania

Guzmanie

Guzmanien zählen zu den schönsten Vertretern der Ananasgewächse. Sie bilden aus langen, schmalen, glänzend hellgrünen Blättern stattliche Blattrosetten, aus deren Mitte sich ein Kranz roter oder gelbroter Hochblätter erhebt. Die weißen oder gelben Einzelblüten sind unscheinbar und nur kurzlebig. Heute sind zahlreiche Sorten erwerbbar, die robuster und kleinwüchsiger als die Arten selbst sind.

Heimat: Mittel- und Südamerika.

Standort/Pflege: Pflanze an einen warmen und luftfeuchten, ganzjährig hellen bis halbschattigen Platz stellen. Mit zimmerwarmem, kalkfreiem Wasser gießen, nach der Blüte auch in den Blatttrichter. Durch viel Spühen für Luftfeuchtigkeit sorgen.

Wirkungsweise: Guzmanien aktivieren und mobilisieren vor allem Tagträumer, Langschläfer und introvertierte Menschen.

Besonderheit: Die leuchtend rote, sehr erotische Pflanze aktiviert vor allem die männliche Energie und ist während der Blütezeit auch sehr gut für das Schlafzimmer geeignet.

Schwingung der Pflanze: Starke, nach oben gerichtete und sich kegelartig ausdehnende Energiestruktur, die wie ein Trompetentusch wirkt.

Bei der Guzmanie ist die sich kegelartig ausdehnende Energie nach oben gerichtet.

Bei der Samtpflanze richten sich die verschlungenen Energieknäuel nach außen.

Gynura

Samtpflanze

Die dekorative Blattpflanze aus der Familie der Korbblütler war schon im vorigen Jahrhundert als Zimmerpflanze sehr beliebt, vor allem die Art *Gynura aurantiaca*, die als Rank- und Schlinggewächs bis 1 m hoch werden kann. Heute werden auch noch die Arten *Gynura procumbens* und *Gynura scandens* als Zimmerpflanzen angeboten. Samtpflanzen haben meist stark violett bis purpurrot gefärbte Blätter mit samtiger Behaarung. Die gelben oder orangefarbenen Blüten sind nicht sehr auffällig. Sie eignen sich wegen ihrer langen Triebe auch ausgezeichnet als Ampelpflanzen.

Heimat: Tropisches Afrika, Asien.

Standort/Pflege: Die Gewächse fühlen sich an einem ganzjährig sehr hellen, aber nicht sonnigen, und luftfeuchten Platz am wohlsten. Sie müssen regelmäßig gegossen und besprüht werden, aber nie auf die Blätter. Da nur junge Pflanzen das hübsche Laub zeigen, ersetzt man ältere Exemplare am besten nach zwei Jahren.

Wirkungsweise: Samtpflanzen bieten verletzlichen Menschen Schutz und ermuntern in unserer leistungsorientierten Welt wieder zu spielerischer Kreativität.

Schwingung der Pflanze: Das Rank- und Schlinggewächs hat – wie seine Wuchsart verrät – verschlungene und verspielte, nach außen gerichtete Energieknäuel.

Hedera helix

Efeu

Die immergrüne Kletterpflanze aus der Familie der Araliengewächse eignet sich mit ihren hübschen drei- bis fünffachgelappten, oft weißnervigen Blättern ideal als Ampelpflanze. Zahlreiche Spielarten unterscheiden sich in Blattgröße, -form und -färbung.

Heimat: Europa, Asien, Nordafrika.

Standort/Pflege: Efeu benötigt einen hellen bis halbschattigen und eher kühlen Platz. Bunte Sorten eher heller stellen, reingrüne Pflanzen vertragen auch Schatten. Während des Wachstums gleichmäßig gießen.

Wirkungsweise: Pflanze wirkt belebend, stimmt positiv und macht neugierig. Sie gibt neue Gedankenimpulse und regt zu deren Durchsetzung an.

Besonderheit: Efeu gehört nicht in die Nähe von Kleinkindern und Menschen, die an Hautproblemen leiden. Kann bei direktem Kontakt Allergien auslösen.

Ökologie: Die Pflanze ist ein Spezialist im Vernichten von Formaldehyd, auch alle anderen Schadstoffe werden sehr gut abgebaut.

Schwingung der Pflanze: Vorwärtstreibende, kraftvoll ausgerichtete Energie.

Efeu zeigt eine vorwärtstreibende, kraftvoll ausgerichtete Energie.

Der Energiestrahl drängt beim Roseneibisch spiralartig von innen nach außen.

Hibiscus-Rosa-Sinensis-
Hybriden

Roseneibisch, Hibiskus

Dank einer Vielzahl von Sorten mit überaus aparten Blütenformen in leuchtenden Farben gehört der Roseneibisch zu den beliebtesten Zimmer- und Kübelpflanzen. Die glänzenden, satt dunkelgrünen Laubblätter bringen die Blüten prächtig zur Geltung. Jede Blüte hält nur einen Tag, doch öffnen sich sofort wieder neue Knospen. Die Farbpalette reicht von Rot, Orange bis zu Gelb und Weiß.

Heimat: Tropisches Asien, vermutlich China.

Standort/Pflege: Der Roseneibisch bevorzugt einen warmen, sehr hellen, aber nicht vollsonnigen Platz und muß während der Wachstumszeit regelmäßig gegossen werden, wobei der Wurzelballen nie austrocknen darf. In geheizten Räumen muß man für Luftfeuchtigkeit sorgen. Bei einem Standortwechsel mit krassem Wechsel der Lichtintensität und Luftfeuchtigkeit reagiert die Pflanze sehr schnell mit Blatt- und Knospenfall.

Wirkungsweise: Die farbenfrohe Pflanze macht unternehmungslustig, kontaktfreudig, aufgeschlossen und hilft besonders introvertierten Menschen, sich zu öffnen.

Schwingung der Pflanze: Ein Energiestrahl drängt von innen nach außen und gibt spiralige, lebendige Energie ab.

Hippeastrum

Ritterstern, „Amaryllis"

Von der äußerst attraktiven Zwiebelpflanze, die zu den Amaryllisgewächsen gehört, werden heute fast nur noch großblütige Hybriden angeboten. Sie haben je nach Sorte verschiedene Zwiebeln, aus denen sich im Winter oder Frühjahr nach dem Antreiben ein langer Blütenschaft schiebt, an dessen Ende drei bis vier große Trichterblüten sitzen.

Heimat: Südamerika.

Standort/Pflege: Während der Blüte braucht der Ritterstern einen hellen und warmen Platz. Man zieht Pflanzen aus den Zwiebeln, die man zwischen November und Februar in einen relativ großen Topf mit Erde so steckt, daß sie halb herausschauen. Zuerst wird sehr wenig gegossen, erst wenn sich der Trieb etwa handhoch entwickelt hat, steigert man die Wassergaben, wobei die Zwiebel möglichst nicht benetzt werden darf. Nach der Blüte schneidet man den Schaft ab, läßt das Laub einziehen und bewahrt die Zwiebel an einem dunklen Ort auf.

Wirkungsweise: Die frische, liebevolle, anregende Energie der

Pflanze hilft, im seelischen Gleichgewicht zu bleiben und Entscheidungen aus dem Herzen heraus zu treffen.

Besonderheit: Den Ritterstern nie in Schlafzimmer oder Meditationsräume stellen, da die Pflanze eher munter macht. Nach dem Verblühen ist die „Amaryllis" als Energieplanze nicht mehr geeignet, man treibt die Knolle neu an.

Schwingung der Pflanze: Nach oben gerichtete, ganz starke Kraft. Aus den Blüten strömen rotierende Wirbel und wirken wie Ventilatoren.

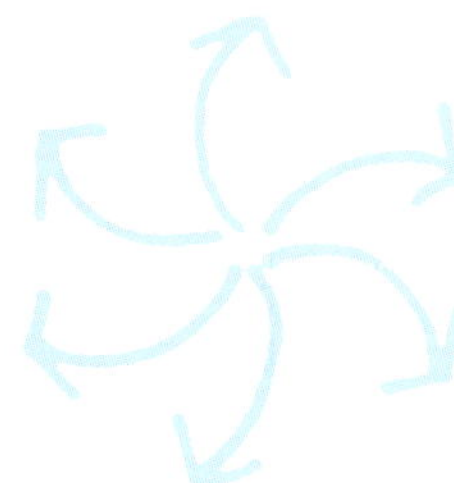

Aus den Blüten des Rittersterns strömen rotierende Energiewirbel.

Die aufstrebende Energie der Kentia-Palme verläuft in harmonischen Bahnen um die Palmwedel.

Howeia

Kentia-Palme, Howeia-Palme

Die gern im Topf gezogene Zimmerpalme neigt ihre langen, dunkelgrünen, gleichmäßig gegliederten Wedel schwungvoll nach außen. Sie blüht in Kultur nur selten.

Heimat: Lord-Howe-Inseln im Stillen Ozean.

Standort/Pflege: Die eleganten Pflanzen sind in Wohnräumen sehr haltbar und widerstandsfähig, da sie wenig empfindlich auf trockene Luft reagieren. Man stellt sie am besten an einen warmen, hellen bis halbschattigen Platz ohne pralle Sonne und gießt sie regelmäßig mit zimmerwarmem, kalkarmem Wasser. Vor dem nächsten Gießen sollte die Erde allerdings abgetrocknet sein.

Wirkungsweise: Die Pflanze verstärkt und bündelt positive Energie und fördert produktives Denken. Außerdem sorgt sie für ein harmonisches Klima in Büro und Familie. Schlechte Energie wird gemildert.

Besonderheit: Die Wirkung setzt nur bei staubfreien Pflanzen ein.

Ökologie: Kentia-Palmen absorbieren chemische Schadstoffe sehr gut und sind ausgezeichnete Luftbefeuchter.

Schwingung der Pflanze: Aufstrebende, weiche, jedoch zielgerichtete Energie, die in harmonischen Bahnen um die Palmwedel herum wirksam wird.

Hoya

Wachsblume

An den langen Trieben des zu den Seidenpflanzengewächsen gehörenden immergrünen Kletterstrauchs sitzen fleischige, glänzende Blätter. Die wachsartigen, weiß beziehungsweise rosa überhauchten, in Dolden stehenden sternförmigen Blüten mit hübschem Auge verströmen besonders gegen Abend einen betörenden Duft. Die wichtigste Art ist *Hoya carnosa,* schön sind aber auch *Hoya multiflora* mit grünlichgelben Blüten und *Hoya lacunosa. Hoya bella* eignet sich ausgezeichnet für Ampeln.

Heimat: China, Malaysia, Australien.

Standort/Pflege: Pflanze im Sommer hell und warm stellen und gleichmäßig leicht feucht halten. Sie sollte nicht umgestellt werden, sonst reagiert sie mit Blüten- und Knospenfall. Der Strauch braucht unbedingt eine Rankhilfe oder ein Spalier.

Wirkungsweise: Wachsblumen helfen romantischen Menschen, ihre innere Mitte wiederzufinden und positiv in die Realität zurückzukehren.

Besonderheit: Steht die Wachsblume in der Nähe des Bettes, träumt man besser.

Schwingung der Pflanze: Weiche, wellenartige Energie, die an den Blütendolden rosettenartig wirkt.

Die wellenartige Energie der Wachsblume wirkt an den Blütendolden rosettenartig.

Die Energieschwingung der Hortensie ist lebendig kribbelnd.

Hydrangea macrophylla

Hortensie

Große barocke Blütenbälle kennzeichnen die meisten Hortensien, die sich bestens als Kübelpflanzen eignen. Die dicht belaubten Sträucher tragen kräftig grüne, am Rand stark gesägte Blätter. Bei den Doldenblüten fallen vor allem die stark vergrößerten Randblüten auf, die in der Mitte sitzenden fruchtbaren Blüten sind dagegen klein und unscheinbar. Das Farbspektrum reicht von Weiß, Rosa, Purpur bis zu Blau und Violett. Die blaue Farbe kommt durch Ansäuern der Erde mit Aluminiumsulfat zustande.

Heimat: China, Südostasien.

Standort/Pflege: Hortensien brauchen ganzjährig einen hellen, halbschattigen, vor der Mittagssonne geschützten und möglichst kühlen Platz. Sie werden mit kalkarmem Wasser stets gut feucht gehalten. Ballentrockenheit vertragen sie nicht.

Wirkungsweise: Die Pflanzen sprechen vor allem Menschen an, die an Melancholie und Depressionen leiden oder in ihren negativen Denkweisen blockiert sind. Sie fördern Kreativität und Spontaneität.

Schwingung der Pflanze: Sehr lebendige, kribbelnde Energieladungen, die wie tanzende Schmetterlinge Heiterkeit und Frohsinn erzeugen.

Impatiens walleriana

Fleißiges Lieschen, Springkraut

Die zahlreichen Sorten des Fleißigen Lieschens erfreuen sich wegen ihres unablässig neuen Flors großer Beliebtheit. Die Farbpalette reicht von Weiß bis zu Rosa, Rot, Orange und Violett. Teilweise sind die Blüten auch zweifarbig.

Heimat: Indien, Ceylon, tropisches Ostafrika.

Standort/Pflege: Die Pflanzen wollen hell, jedoch nicht sonnig, in Zimmertemperatur stehen. Im Sommer gut feucht halten, aber Staunässe vermeiden, während der Ruhezeit sparsamer gießen.

Wirkungsweise: Das Fleißige Lieschen motiviert langsame Menschen zu Aktivität und bremst Hektiker auf Normalmaß. Weiße Blüte steigert seelische Aktivität, rosafarbene Blüte emotionale Aktivität, lilafarbene Blüte spirituelle Aktivität, rote Blüte körperliche Aktivität, orangefarbene Blüte erotische Aktivität.

Besonderheit: Die Schwingung der Pflanze erhöht sich, wenn mehrere Exemplare in Gruppen stehen.

Schwingung der Pflanze: Anregende, motivierende, impulsgebende Energiekreise, die sich von der Blüte nach außen bewegen.

Beim Fleißigen Lieschen bewegen sich die Energiekreise von der Blüte nach außen.

Bei der Jakobinie rotieren viele kleine Energiewolken ellipsenartig.

Jacobinia

Jakobinie

Die anmutigen Jakobinien gehören zu den schönsten Akanthusgewächsen. Sie bestechen durch ihre ährenförmigen Blütenstände aus rotgelben, rosa- und orangefarbenen Blüten und die großen länglich-eiförmigen, fein behaarten Blätter. Als Topfpflanzen werden vor allem *Jacobinia carnea* und *Jacobinia pauciflora* kultiviert. Erstere wird bis zu 1,5 m, letztere dagegen nur etwa 50 cm hoch. Früher war die Gattung als *Justicia* bekannt.

Heimat: Südamerika.

Standort/Pflege: Die Pflanzen brauchen ganzjährig einen hellen und luftfeuchten Platz und müssen im Sommer gut feucht gehalten werden. Auch im Winter dürfen die Pflanzen nicht austrocknen, sonst sind Blüten und Blattfall die Folge. Beide Arten sind gegen trockene Luft sehr empfindlich.

Wirkungsweise: Jakobinien wirken bei Ärger und Streß harmonisierend und helfen, unverarbeitete Gefühle auszusprechen.

Besonderheit: Sehr gute Pflanzenschwingung für Arzt, Heiler und Therapeuten und daher besonders für Behandlungsräume geeignet.

Schwingung der Pflanze: Viele kleine Energiewolken, die wie ein Schwarm Glühwürmchen rotierende Ellipsen fliegen und nach außen immer ruhiger werden.

Die Energieschwingung verläuft beim Jasmin in verspielten kreisenden Wirbelchen.

Jasminum

Jasmin

Von den zahlreichen kletternden oder windenden Ölbaumgewächsen wird vor allem *Jasminum officinale* als Topfpflanze gezogen. Seine filigranen weißen Blüten verströmen einen süßen, exotischen Duft.

Heimat: Tropen und Subtropen Afrikas, Asiens und Amerikas.

Standort/Pflege: Pflanze im Sommer hell und luftig, doch vor praller Sonne geschützt stellen. Topfballen immer mit weichem Wasser feucht halten.

Wirkungsweise: Jasmin wirkt erotisierend, anregend, puschend und aktiviert die Freude an der Begegnung mit anderen Menschen.

Schwingung der Pflanze: Verspielte, liebliche, kreisende Energiewirbelchen, wie Libellen beim Paarungstanz.

Heimat: Mittelamerika.

Standort/Pflege: Die Pflanze braucht ganzjährig einen hellen bis sonnigen Platz bei Zimmertemperatur. Nur vor direkter Sonne während der Mittagsstunden sollte sie geschützt werden. Das pflegeleichte Gewächs muß nur wenig, während der Blütezeit etwas mehr gegossen werden. Nach dem Blattfall hält man es fast trocken.

Wirkungsweise: Die Flaschenpflanze spricht vor allem Menschen an, die sich vor emotionalen Verletzungen schützen und sich deshalb ein dickes Fell zugelegt haben. Sie hilft emotionale Blockaden zu lösen.

Besonderheit: Das Wolfsmilchgewächs ist in allen Teilen giftig, man darf den milchigen Saft nicht in die Augen bekommen. Pflanze vor Kleinkindern und Tieren sichern!

Schwingung der Pflanze: Zarte Energiebahnen von innen nach außen gerichtet, die in der Ruhezeit kaum wahrnehmbar sind.

Bei der Flaschenpflanze sind die zarten Energiebahnen von innen nach außen gerichtet.

Jatropha podagrica

Flaschenpflanze

Die zur großen Familie der Wolfsmilchgewächse gehörende Flaschenpflanze findet wegen ihrer bizarren Gestalt viel Anklang. Die sukkulente Pflanze besitzt einen flaschenförmig verdickten Stamm und große drei- bis fünflappige Blätter, die während der winterlichen Ruhezeit abgeworfen werden. Im Winter erscheinen kleine, langgestielte, korallenrote Blüten an roten Stengeln.

Kalanchoë

Kalanchoe

Kaum eine andere Sukkulentengattung aus der Familie der Dickblattgewächse hat sich als vielgestaltige Zimmerpflanze so bewährt wie Kalanchoen. Es gibt niedere, kaum 10 cm hohe Stauden, Bäumchen bis zu 2 m Höhe und lianenartige Hängepflanzen mit verschiedenen Blatt- und Blütenformen. Das bekannte Flammende Käthchen *(Kalanchoë blossfeldiana)* wird heute in einer Vielzahl von rosafarbenen, roten, orangefarbenen und gelben Blüten angeboten. Noch nicht sehr lange auf dem Markt ist das Madagaskarglöckchen *(Kalanchoë porphyrocalyx),* das sich mit seinen hängenden roten oder rosafarbenen Blütenständen ebensogut als Ampelpflanze eignet wie *Kalanchoë manginii.*

Heimat: Madagaskar.

Standort/Pflege: Die Pflanzen wollen ganzjährig hell, auch sonnig, stehen. Man muß sie den Sommer über nur mäßig gießen, im Winter fast trocken halten.

Wirkungsweise: Kalanchoen verhelfen – vor allem morgens mißgelaunten Menschen – zu guter Laune.

Besonderheit: Stellt man mehrere Pflanzen zusammen, erhöht sich die beflügelnde Energie.

Ökologie: Pflanzen bauen chemische Schadstoffe ab.

Schwingung der Pflanze: Kräftige, verspielte, nicht zentrierte Energie.

Die Kalanchoe hat eine verspielte, nicht zentrierte Energie.

Die zackige Schwingung der Schirmpalme wirkt ziemlich aggressiv.

Livistona

Schirmpalme

Die großen, attraktiven fächerförmigen Blätter der Schirmpalme stehen meist steif nach oben.

Heimat: Tropisches Asien, Indonesien.

Standort/Pflege: Schirmpalmen benötigen vollsonnige Plätze und während der Wachstumszeit reichliche Wassergabe. Öfters Sprühen.

Wirkungsweise: Die Pflanze macht aggressiv und mutig, hilft beim Erkämpfen eines Zieles und motiviert zum Durchhalten. Sie schützt vor von außen kommenden negativen Einflüssen.

Besonderheit: Schirmpalmen sind nicht für Schlafzimmer oder Therapieräume geeignet.

Schwingung der Pflanze: Breite, zackige Schwingung, die fast angreifend wirkt.

Maranta

Pfeilwurz, Marante

Ob der Name Pfeilwurz auf einen in der Knolle enthaltenen Wirkstoff gegen das indianische Pfeilgift oder auf die pfeilartigen Blätter zurückgeht, ist nicht bekannt. Jedenfalls besitzen die im Regenwald heimischen Marantengewächse knollige Wurzeln und ziehen mit ihren prachtvoll gezeichneten Blättern, die an langen aufrechten Stielen sitzen, alle Blicke auf sich. Als Topfpflanze werden vor allem die schönen Arten *Maranta bicolor* und *Maranta leuconeura* kultiviert. Von ihnen gibt es einige empfehlenswerte Sorten wie etwa 'Kerchoviana', 'Erythroneura', 'Fascinator' und 'Massangeana'.

Heimat: Brasilien, tropisches Amerika.

Standort/Pflege: Die Pflanze braucht ganzjährig einen hellen bis halbschattigen, warmen und luftfeuchten Platz.

Wirkungsweise: Maranten helfen dabei, begonnene Tätigkeiten zu Ende zu führen. Ängstliche Menschen können die nötigen Energieschübe erhalten, sich zu wehren.

Besonderheit: Man sollte die Pflanze nicht in Schlafzimmer, Kinderzimmer oder direkt auf/über den Schreibplatz stellen.

Ökologie: Die ausgezeichnete Büropflanze sorgt für gute Luftbefeuchtung und den Abbau chemischer Schadstoffe wie etwa von Ammoniak.

Schwingung der Pflanze: Pfeilartig nach außen gerichtete Energieimpulse.

Die pfeilartigen Energieimpulse der Pfeilwurz sind nach außen gerichtet.

Die Energiewellen der Medinille fließen von unten nach oben.

Medinilla magnifica

Medinille

Die überaus anmutige Pflanze aus der Familie der Schwarzmundgewächse fasziniert vor allem durch ihre großen, ledrigen Blätter und die langen, herabhängenden rosa Blütenstände sowie die rosaweißen Tragblätter.

Heimat: Philippinen.

Standort/Pflege: Die Pflanze will hell bis sonnig, warm und luftfeucht stehen, ohne pralle Mittagssonne. Sie muß ab Knospenbildung mit kalkarmem Wasser gegossen werden und braucht zur Blütenbildung eine zweimonatige Ruhezeit.

Wirkungsweise: Pflanze hilft Emotionen, die unterdrückt sind, anzunehmen und auszudrücken. Alte Verletzungen der Seele können mit Hilfe der Medinille ausheilen.

Besonderheit: Pflanze nicht bewegen, wenn sie Blüten angesetzt hat, sonst ist Blütenfall nicht zu vermeiden.

Schwingung der Pflanze: Starke, von unten nach oben und im Bogen zurückfließende Energiewellen.

Monstera

Fensterblatt

Die imposante Blattschmuckpflanze aus der Familie der Aronstabgewächse zeigt ihre großen, glänzendgrünen, im Alter tief geschlitzten Blätter voller Stolz. Da sie lange Triebe und zahlreiche Luftwurzeln bildet, braucht sie eine Rankhilfe oder einen Epiphytenstamm als Stütze.

Heimat: Tropisches Mittel- und Südamerika.

Standort/Pflege: Das Fensterblatt stellt man ganzjährig luftfeucht und hält es gleichmäßig leicht feucht. Damit die Spaltöffnungen in den Blättern für den Gasaustausch offen bleiben, sollte man diese von Zeit zu Zeit abwaschen. Die Luftwurzeln dürfen nie abgeschnitten werden!

Wirkungsweise: Die große Ruhe ausstrahlende Pflanze sorgt im Raum sowohl für Harmonisierung als auch für zeitweise positive Aktivierung.

Besonderheit: Das Fensterblatt ist ideal für Gemeinschaftsräume.

Ökologie: Es sorgt für sehr gute Luftbefeuchtung.

Schwingung der Pflanze: Wie ein Riesenblatt verlangsamt das Fensterblatt den Energiefluß in Räumen und sammelt die Energie.

Das Fensterblatt verlangsamt und bündelt den Energiefluß.

Myrtus communis

Myrte, Brautmyrte

Das wunderschöne Myrtengewächs gehört wohl zu den ältesten Zimmerpflanzen und wurde in den Mittelmeerländern wegen seiner aromatischen Inhaltsstoffe kultiviert. Die immergrüne Pflanze entwickelt kleine, dunkelgrüne, ledrige Blättchen, die gerieben sehr aromatisch riechen, und kleine weiße, duftende Blüten. Als besonders ansprechende Sorten werden 'Hamburger Brautmyrte' und 'Königsberger Brautmyrte' sowie die buntlaubige 'Variegata' angeboten.

Heimat: Mittelmeergebiet.

Standort/Pflege: Myrten wollen im Sommer warm und sonnig, am besten im Freien stehen und mit enthärtetem Wasser stets gleichmäßig feucht gehalten werden. Da sich die Pflanze äußerst willig schneiden läßt, kann man aus ihr auch hübsche Kronenbäumchen oder Pyramiden ziehen.

Wirkungsweise: Die Pflanze gibt Schutz bei Ängsten und verleiht Selbstbewußtsein. Sie eignet sich schlecht bei Pilzerkrankungen und Parasitenbefall, die auftreten, wenn Menschen sich nicht wehren können.

Besonderheit: Auch heute noch werden Brautkränze aus Myrte geflochten. Einer arabischen Legende nach stammt die Pflanze aus dem Paradies. In der griechischen und römischen Mythologie wurde die Myrte der Aphrodite geweiht und galt als Symbol der Jugend und Schönheit sowie der Jungfräulichkeit.

Schwingung der Pflanze: Weiche, wolkige, doch energische Schwingung, die flächig wirkt.

Die wolkige, doch energische Schwingung der Myrte wirkt flächig.

Neoregelia

Neoregelie

Viele Neoregelien, die in den heimischen Regenwäldern meist epiphytisch wachsen, wurden wegen ihrer schönen Blattrosetten, in deren Mitte sich die Blüte mit auffallend intensiv gefärbten Hochblättern entfaltet, beliebte Zimmerpflanzen. Eine der wichtigsten kultivierten Arten ist *Neoregelia carolinae* mit verschiedenen farbigen Sorten, wie etwa 'Tricolor', 'Meyendorffii' oder 'Marechalii'. Aber auch andere Arten wie *Neoregelia binotii* und *Neoregelia concentrica* werden mit vielen Zuchtformen angeboten.

Heimat: Brasilien.

Standort/Pflege: Die Pflanzen benötigen viel Licht, aber keine direkte Sonne, Wärme und hohe Luftfeuchtigkeit. Nur mit kalkarmem Wasser gießen und sprühen, wobei im Inneren der Rosette stets Wasser stehen kann.

Wirkungsweise: Die Pflanze hilft Menschen, die sich davor schützen müssen, immer wieder neu verletzt zu werden. Sensitive Menschen fühlen sich dagegen sehr angegriffen und sollten sich für eine andere Pflanze entscheiden.

Schwingung der Pflanze:
Außen stachelige Energiestrahlen, innen mit Gegendrehung eine weiche Energie.

Neoregelien schicken stachelige Energiestrahlen nach außen, bündeln innen aber mit Gegendrehung eine weiche Energie.

Beim Schwertfarn treiben die Energiebänder von innen nach außen und nach unten.

Nephrolepis

Schwertfarn

Schwertfarne sind wegen ihrer Widerstandsfähigkeit besonders beliebte Zimmerfarne und überdauern viele Jahre. Ihre hellgrünen, bis 1m langen gefiederten Blätter, die in einer bodenständigen Rosette stehen, wachsen aufrecht oder überhängend. Von dem für die Zimmerkultur wohl wichtigsten Schwertfarn, *Nephrolepis exaltata,* gibt es zahlreiche Züchtungen mit gewellten, gekrausten oder gedrehten Wedeln, beispielsweise 'Roseveltii', 'Bornstedt', 'Boston Zwerg' oder 'Teddy Junior'. Bei *Nephrolepis biserrata* erreichen die Wedel eine Länge von bis zu 1 m. Hübsch anzusehen sind auch die schmalen, hellgrünen Wedel von *Nephrolepis cordifolia* und ihrer Züchtung 'Plumosa'.

Heimat: Tropischer Regenwald.
Standort/Pflege: Pflanzen ganzjährig hell bis fast sonnig, warm und luftfeucht stellen und nur mit kalkarmem Wasser gießen und sprühen, wobei der Topfballen nie austrocknen darf.

Wirkungsweise: Harmonisierend auf das gesamte Nervensystem.

Ökologie: Schwertfarne bauen chemische Schadstoffe wie Formaldehyd, Xylol und Toluol gut ab und haben eine enorm hohe Transpirationsrate. Dadurch sind sie ideal für belastete Räume.

Schwingung der Pflanze: Von innen nach außen und unten treibende Energiebänder, die nach und nach immer feiner werden.

Nerine

Nerine, Guernseylilie

Bei den attraktiven Zwiebelpflanzen aus der Familie der Amaryllisgewächse erscheinen die an langen Stielen sitzenden, meist rosafarbenen Doldenblüten in der Regel vor den schmalen Blättern. Stammform vieler Hybriden ist *Nerine sarniensis.*

Heimat: Südafrika.

Standort/Pflege: Nerinen brauchen einen hellen bis leicht schattigen und im Winter eher kühlen Platz und wollen während der Blütezeit gleichmäßig gewässert werden. Die Pflanzen werden aus Zwiebeln angetrieben.

Wirkungsweise: Nerinen wirken aktivierend und sehr energetisierend und fördern die Schaffenskraft. Sie eignen sich bestens für Büroräume und Orte, an denen viel gleichförmige Arbeit anfällt.

Besonderheit: Die ganze Pflanze ist giftig und daher nicht für Kinder und Tiere geeignet.

Schwingung der Pflanze: Wie einzelne Windräder, die sich bewegen, fließt die Energie aus den Blüten.

Bei der Nerine fließt die Energie wie ein Windrad aus den Blüten.

Oncidium papilio

Schmetterlingsorchidee

Die exotisch aussehende Orchidee ist als Zimmerpflanze nicht sehr einfach zu kultivieren. Ihre großen gelbbraun marmorierten Blüten sitzen an langen Blütentrieben. Da sich während der langen Blütezeit hinter der Einzelblüte bereits die nächste Knospe entwickelt, dürfen die Blütentriebe nicht abgeschnitten werden.

Die Energieschwingung der Schmetterlingsorchidee ist hoch und fein.

Heimat: Tropisches und subtropisches Südamerika.

Standort/Pflege: Schmetterlingsorchideen gedeihen nur bei Tagestemperaturen von 18–24 °C und Nachttemperaturen von 13–16 °C sowie einer Luftfeuchtigkeit von 40–60%. Sie brauchen einige Stunden direkte Sonne und während des Wachstums bis nach der Blüte reichlich entkalktes Wasser.

Wirkungsweise: Die bizarre Pflanze wirkt stark auf Geschlechtsorgane und Libido und stärkt das männliche wie weibliche Selbstbewußtsein. Sie ist hervorragend für ein erotisches Schlafzimmer oder einen Tantraraum geeignet.

Ökologie: Guter Abbau von chemischen Schadstoffen.

Schwingung der Pflanze: Hohe, feine Energieschwingung, wie ein Schwarm Schmetterlinge oder Bienen.

Paphiopedilum

Frauenschuh, Venusschuh

Der wunderschöne Frauenschuh, dessen Blütenlippe tatsächlich einem Schuh ähnelt, gehört zu den beliebtesten Orchideen im Haus. Seine hauptsächlich im Winter oder Frühjahr erscheinenden Blüten halten mehrere Wochen oder sogar Monate. Die Farbpalette reicht von Weiß, Gelb, Grün zu Braun, es gibt aber auch rötlich gefärbte, gestreifte, gefleckte oder getigerte Blüten.

Heimat: Indien, Philippinen, Thailand.

Standort/Pflege: Pflanze im Sommer halbschattig ohne direkte Sonneneinstrahlung, im Winter hell und nicht unter 18 °C stellen und mit zimmerwarmem, kalkfreiem Wasser gleichmäßig feucht halten. Blätter öfter einsprühen und für hohe Luftfeuchtigkeit sorgen.

Wirkungsweise: Der Frauenschuh wirkt auf Bauch und Unterleib entspannend und anregend. Er hilft Gefühle auszudrücken und alte emotionale Verletzungen zu heilen.

Besonderheit: Die Orchidee gedeiht am besten in Gruppen und wird von Jahr zu Jahr schöner.

Ökologie: Sie sorgt für gute Luftbefeuchtung und den Abbau von Schadstoffen.

Schwingung der Pflanze: Zielgerichtete und gebündelte Energie, die sich in der Blüte zentriert.

Beim Frauenschuh zentriert sich die gebündelte Energie in der Blüte.

Die rosettenartigen Energieknäuel drehen sich bei der Passionsblume wie Windräder.

Passiflora

Passionsblume

Der Name dieser immergrünen Pflanze ist darauf zurückzuführen, daß ihre Blüten als Symbol der Passion Christi gelten. Der Strahlenkranz der Blüte wird als Dornenkrone, die Staubgefäße werden als Wunden und die Narben als Nägel gedeutet.

Heimat: Tropisches und subtropisches Amerika, Asien, Australien.

Standort/Pflege: Die Pflanzen brauchen das ganze Jahr über viel Licht und während des Wachstums eine gute Wasser- und Nährstoffversorgung. Wichtig ist ein passendes Rankgerüst für diese außergewöhnliche Pflanze.

Wirkungsweise: Passionsblumen wirken aktivierend und stimulierend für das eigene Körpergefühl. Sie verhelfen asketischen Menschen zu mehr Lebensfreude und Sinnlichkeit.

Schwingung der Pflanze: Rosettenartige Energieknäuel, die sich wie Windräder drehen.

Philodendron

Philodendron, Baumfreund

Die allseits beliebte Blattpflanze wächst je nach Art oder Sorte kletternd oder buschig und trägt unterschiedlich geformte, lederige Blätter und – vor allem am Heimatstandort – lange Luftwurzeln. Kaum eine andere Gattung bietet so viele Arten für die Zimmerkultur wie der Philodendron. Eine der schönsten ist *Philodendron melanochrysum,* deren bronzegrüne, lange Blätter wie mit Goldstaub überpudert scheinen. Aber auch andere Arten wie etwa *Philodendron ilsemannii, Philodendron pedatum* und *Philodendron domesticum* bilden verschieden geformte und gezeichnete Blattformen.

Heimat: Südamerika.

Standort/Pflege: Alle „Philos" stehen am besten ganzjährig warm und hell bis halbschattig. Gegossen und gesprüht wird mit zimmerwarmem, enthärtetem Wasser. Besonders die großblättrigen Arten lieben es, wenn man sie ab und zu unter die lauwarme Dusche stellt.

Wirkungsweise: Das satte, glänzende Blattgrün signalisiert Vitalität. Die Pflanze bringt Erneuerung, Erholung und frische Energie in verfahrene Zustände. Kein Wunder, daß sie eine der beliebtesten Pflanzen für Großraumbüros ist!

Besonderheit: Die Pflanze verträgt kein Blattglanzmittel. Sie enthält wie viele Aronstabgewächse schleimhautreizende Stoffe und sollte unbedingt von Kleinkindern und Haustieren ferngehalten werden.

Ökologie: Der Philodendron baut chemische Schadstoffe ab.

Schwingung der Pflanze: Kräftige, geballte Energie, die wie eine Quelle aus der Erde hervorbricht.

Beim Philodendron bricht die geballte Energie wie eine Quelle aus der Erde hervor.

Platycerium bifurcatum

Hirschgeweihfarn, Zweigabeliger Geweihfarn

Der Hirschgeweihfarn ist eine ungewöhnliche Ampelpflanze, die, egal wo sie hängt, alle Blicke auf sich zieht. Die tropische Farnpflanze besitzt lederige, bis zu 90 cm lange gegabelte Blätter, die sich schräg aufrecht aus einem braunen Nest erheben. Dieses braune Nest sind alte Nischenblätter, in denen die Pflanze Nährstoffe und Wasser festhält. Von dieser Art werden sehr schöne Sorten wie 'Ziesenhenne', 'Majus', 'Roberts' und 'San Diego' angeboten.

Heimat: Tropisches Südostasien, Australien, Afrika.

Standort/Pflege: Der Geweihfarn steht am besten im feuchtwarmen Blumenfester. Aber auch ein anderer heller, bis halbschattiger und warmer Standort ist geeignet, wenn man der Pflanze einmal wöchentlich ein 30minütiges Tauchbad in zimmerwarmem, enthärtetem Wasser gönnt und auch ansonsten durch Sprühen mit enthärtetem Wasser für eine hohe, direkte Luftfeuchtigkeit sorgt. Abgestorbene Nischenblätter dürfen nicht entfernt werden. Als Jungpflanze kann man den Hirschgeweihfarn auch an Epiphytenstämmen aufbinden.

Wirkungsweise: Kommunikationsfördernd und ausgleichend, zum Beispiel bei sehr unterschiedlichen Temperamenten in einer Gruppe.

Verknüpfung: Kann im Feng Shui wie ein Klangspiel verwendet werden. Die gewichtige Pflanze sollte niemals direkt über das Bett oder den Arbeitsplatz gehängt werden.

Schwingung der Pflanze: Wie ein Ventilator bringt der Hirschgeweihfarn stehende Energie in Bewegung.

Der Hirschgeweihfarn bringt stehende Energie wie ein Ventilator in Bewegung.

Primula obconica

Becherprimel

Die Becherprimel besitzt weiße, rote, rosafarbene und lavendelblaue Blüten, die in kugeligen Dolden über großen, dunkelgrünen Blättern stehen. Sie ist eine der wenigen im Handel befindlichen Primel-Arten, die nicht weggeworfen, sondern weiterkultiviert wird.

Heimat: China.

Standort/Pflege: Einen hellen, nicht zu sonnigen und zur Blütezeit eher kühlen Platz dankt die Becherprimel mit schönster Blütenpracht. Die Pflanze leicht feucht halten und Staunässe vermeiden. Nach der Blüte in neue Erde umtopfen. Stellt man Becherprimeln während der Blütezeit in einen Raum zwischen 10–15 °C, hält der Blütenflor sehr viel länger.

Wirkungsweise: Die Pflanze wirkt fröhlich, humorvoll und beschwingt. Bei Gruppenpflanzungen oder Topfgruppen verstärkt sich die Wirkung.

Besonderheit: Der direkte Kontakt mit Haut und Schleimhaut kann zu Allergien und Ekzemen führen. Daher ist Vorsicht bei Kindern geboten.
Verknüpfung: Findet in der klassischen Homöopathie für Haut, Schleimhaut und bei Schwäche Anwendung.

Schwingung der Pflanze: Fröhliche, lustige Energierosetten, die wie spielende Kinder gute Laune erzeugen.

Die Becherprimel erzeugt fröhliche Energierosetten.

Punica granatum

Granatapfelbaum

Viele unserer Kübelpflanzen sind erst im vorigen Jahrhundert aus fernen Ländern zu uns gekommen. Anders der Granatapfelbaum, eine uralte Nutzpflanze aus dem mediterranen Raum. Er muß, wie der Zitronenbaum, schon im 16. Jahrhundert Einzug gehalten haben, denn er ist bereits auf Abbildungen des Hieronymus Bosch (um 1540) zu sehen. Damals gab es allerdings noch nicht die heute erhältlichen Sorten mit roten, gefüllten Blüten oder solchen in Gelb oder Weiß. Auch die Zwergform, die im Gegensatz zur starkwüchsigen Normalform nur meterhoch wird, dafür aber üppigst blüht, war damals noch nicht von Gärtnerhand gezüchtet worden.

Beim Granatapfelbaum dreht sich die Energieschwingung nach außen und konzentriert sich an den Früchten.

Heimat: Vorderasien. Im Mittelmeerraum eingebürgert.

Standort/Pflege: Die prachtvolle Kübelpflanze steht im Sommer am liebsten draußen und im Winter hell und kühl, zum Beispiel in einem frostfreien, ungeheizten Wintergarten. Sie benötigt ganzjährig Wärme und Feuchtigkeit, im Winter weniger.

Wirkungsweise: Wirkt auf hormonelle Störungen und psychisch bedingte Sterilität bei Mann und Frau.

Mythologie: In der Antike galt die Frucht als Liebesapfel. Dem Granatapfel wurden stark aphrodisische Wirkungen zugeschrieben. Gleichzeitig diente er als Symbol der Verjüngung, des Frühlings und der Fruchtbarkeit der Erde. Im 15. Jahrhundert berichtet die orientalische Liebeslehre von der Wirkung des Granatapfels auf die Libido. Auch in der tibetischen Heilkunde wird der Pflanze hohe Wirksamkeit, vor allem bei fehlendem sexuellen Begehren, zugeschrieben. Heute ist der Granatapfel fast in Vergessenheit geraten.

Schwingung der Pflanze: Kräftige, nach außen drehende Energieschwingung, an den eßbaren Früchten Energiekonzentration.

Rhododendron

Azalee, Zimmerazalee

Das Angebot an Zimmerazaleen ist nicht überschaubar. Für jeden Geschmack läßt sich eine Blütenfarbe oder Wuchsform finden. Der Blütenflor in Weiß, kräftigem und zartem Rosa und Rot wirkt duftig und luftig. Es gibt auch Sorten mit zweifarbigen Blüten.

Heimat: China, Japan.

Standort/Pflege: Die Pflanze steht am besten halbschattig, luftfeucht, kühl und luftig (Waldpflanze!). Sie muß regelmäßig mit zimmerwarmem, enthärtetem Wasser gegossen werden, dem man im Sommer jede Woche Rhododendrondünger zusetzt.

Wirkungsweise: Schenkt Freude, Entspannung, Ruhe und Nervenstärke. Gute Freundschaftspflanze.

Besonderheit: Wichtige Pflanze in der japanischen Zen- und Gartenphilosophie.

Verknüpfung: Rhododendron wird in der klassischen Homöopathie bei Neuralgie, Rheuma, Gicht und Ohrensausen eingesetzt.

Ökologie: Baut chemische Schadstoffe gut ab.

Schwingung der Pflanze: Spiralige, nach außen gehende Energie, die weich und leicht wirkt.

Die weiche und leichte Energie dreht sich bei der Azalee spiralartig nach außen.

Rosa chinensis

Zwergrose, Chinesische Rose, Topfrose, Miniaturrose, Kußrose

Zwergrosen geben ihre weiche, zentrierte, gleichmäßige Energie wie eine pulsierende Wolke nach allen Seiten ab.

Zwergrosen sind mittlerweile ein richtiger Massenartikel geworden. Sie werden hauptsächlich als Geschenk zu allen möglichen Anlässen wie Valentins- oder Muttertag angeboten, und ihr „herziges" Aussehen verfehlt seine Wirkung nie. Die kleinen Ausgaben der großen Gartenrosen werden meist nicht höher als 30 cm und blühen in Hell- und Dunkelrot, Pink, Babyrosa und Zitronengelb. Die Auswahl an angebotenen Sorten ist ziemlich groß. Besonders zu empfehlen sind die rot blühenden Sorten 'Minima', 'Kußröschen', 'Zwergkönig 78', die rosa blühenden 'Bubikopf', 'Daniela', Zwergkönigin 82', die gelb blühende Sorte 'Guletta' sowie 'Babymaskerade', deren Knospe rot und offene Blüte gelb ist.

Heimat: China.

Standort/Pflege: Rosen-Minis hell und luftig stellen. Vor praller, stehender Hitze schützen und im Winter kühl halten. Gleichmäßig gießen, aber unbedingt Staunässe vermeiden. Die abgeblühten Rosen entfernen, so daß die Nachblüte angeregt wird.

Wirkungsweise: Die Rose öffnet unsere Herzen und läßt Liebe strömen.

Verknüpfung: Rosen finden Verwendung als Bachblüten (Rock Rose bei Schock, Trauma), in der Kosmetik (Parfüm, Salben, Körperöl) sowie in der Aromatherapie (Liebe, Erotik, Lebensfreude).

Schwingung der Pflanze: Weiche, zentrierte, gleichmäßige Energie, die kreisende Impulse abgibt wie eine pulsierende Wolke. Fühlt sich oft warm an. Rosen besitzen die höchste und feinste Schwingung aller Blumen!

Saintpaulia ionantha

Usambaraveilchen

Dieses entzückende kleine Gewächs aus der Familie der Gesneriengeächse ist aus dem Topfpflanzensortiment nicht mehr wegzudenken. Auf dem Markt sind Varianten mit einfachen, gefüllten, gewellten oder gekrausten Blüten in Farbtönen zwischen Weiß und Dunkelviolett sowie zweifarbige Spielarten. Inzwischen gibt es sogar ganz kleine, niedliche Minis, die unseren heimischen „Duftveilchen" in ihrer liebenswert altmodischen Ausstrahlung immer ähnlicher werden. Die fleischigen Blätter der Pflanze sind filzig behaart.

Heimat: Tansania.

Standort/Pflege: Das Usambaraveilchen schätzt gleichbleibende Temperaturen von 18 bis 20 °C und einen hellen bis halbschattigen Standort. Mit zimmerwarmem Wasser gießen und kein Wasser auf Blätter oder Blüten bringen, da es sonst häßliche Flecken gibt. Stehendes Wasser im Untersatz liebt das Usambaraveilchen nicht besonders, dagegen blüht es unermüdlich, wenn man es zweimal jährlich mit „der Pille" düngt.

Wirkungsweise: Die Pflanze wirkt aktivierend und harmonisierend (herzförmige Blätter). Sie bringt gute Laune und eine positive Grundstimmung.

Schwingung der Pflanze: Lebhafte, weiche, sich nach außen abschwächende, kreisförmige Energie.

Die lebhafte, weiche, kreisförmige Energie des Usambaraveilchens schwächt sich nach außen ab.

Die kräftige, pfeilartige Energie des Bogenhanfs bricht sich an der Spitze und verwirbelt.

Sansevieria trifasciata

Bogenhanf

Der Bogenhanf, im Volksmund wegen seiner Zähigkeit auch „Schwiegermutterzunge" genannt, ist in Österreich bereits seit gut 200 Jahren in Kultur. Die straff aufrecht wachsende Pflanze besitzt harte, fast meterlange, gelb gerandete oder gestreifte Blätter und Rhizome, die vor lauter Lebenskraft manchmal den Topf sprengen.

Heimat: Tropisches Westafrika.

Standort/Pflege: Die Pflanze wächst praktisch überall, verträgt auch hartes Gießwasser und ist nicht nachtragend, wenn man das Gießen einmal ganz vergißt.

Wirkungsweise: Der Bogenhanf weist uns schon mit seinem eindeutig nach oben gerichteten Wuchs und seiner Vitalität darauf hin, emotionale wie ideelle Ziele konsequent anzupacken und zu realisieren. Ängstliche Menschen können mit Hilfe der Pflanzenschwingung lernen, ihre Aggressionen zuzulassen. Diese Pflanze ist der Kämpfer unter den Zimmerpflanzen und potenziert positive wie negative Emotionen.

Ökologie: Baut chemische Schadstoffe gut ab.

Schwingung der Pflanze: Kräftige, pfeilartige Energie, die sich an der Spitze bricht und verwirbelt.

Saxifraga stolonifera

Judenbart

Der Judenbart ist eine unserer schönsten und anspruchslosesten Ampelpflanzen. Er bildet an fadenförmigen Ausläufern viele neue Ausläufer, in der Gärtnerfachsprache „Kindel" genannt. Die Blattstengel wachsen aus einer Rosette heraus, die rundlich-nierenförmigen Blätter sind oberseits dunkelgrün-silbrig, unterseits weinrot bis violett gefärbt

Heimat: China, Japan.

Standort/Pflege: Der Judenbart erwartet einen hellen, luftigen und kühlen Standort und nur mäßiges Gießen. Je buntlaubiger eine Sorte des Judenbarts ist, desto wärmer und heller muß sie im Raum plaziert werden.

Wirkungsweise: Die Pflanze wirkt zunächst chaotisch, läßt aber erkennen, daß kleine Einheiten zu einem Ganzen, Großen gehören und kann so helfen, komplexe Strukturen zu erkennen. Firmensysteme oder Familiensysteme werden dadurch transparenter, und der einzelne kann sich besser in Teamarbeit bzw. Familiensituationen hineindenken. Ideale Pflanze für Arbeitsplätze, an denen gemeinschaftliche Ziele verfolgt werden.

Schwingung der Pflanze: Turbulente, in sich verschlingende Energiebündel, die wie um eine innere Kugel zu rotieren scheinen.

Beim Judenbart scheinen die Energiebündel wie um eine Kugel zu rotieren.

Die Energieschwingung der Strahlenaralie verläuft in spielerischen, spiralförmigen Bögen.

Schefflera

Strahlenaralie, Lackblatt

Bei der hübschen Strahlenaralie aus der Familie der Araliengewächse sehen die gestielten, handförmigen Blätter wie gelackt aus. Sie unterscheiden sich im Jugendstadium und im Alter. Die wohl bekannteste Art ist *Schefflera actinophylla,* die auch noch unter dem botanischen Namen *Brassaia actinophylla* geführt wird. Aber auch *Schefflera arboricola* ist sehr beliebt, weil es von dieser Art panaschierte Züchtungen wie 'Green Gold' und 'Gold Capella' gibt.

Heimat: Taiwan, Australien.

Standort/Pflege: Pflanze hell bis halbschattig stellen und nur leicht feucht halten. An warmen Standorten öfter sprühen.

Wirkungsweise: Die Strahlenaralie bewirkt gute Laune und eignet sich ausgezeichnet für Gemeinschaftsräume, Wartezimmer, Arbeitszimmer und Wohnzimmer. Sie verbreitet positive Energie und gute Stimmung.

Besonderheit: Kinder und Haustiere sollte man vor der Pflanze schützen, da sie schleimhautreizende Stoffe enthält.

Ökologie: Die Pflanze besitzt sehr gute Werte beim Abbau von chemischen Schadstoffen und als Luftbefeuchter.

Schwingung der Pflanze: Spiralenförmige bis runde kleinere Bögen, die spielerisch weich und heiter wirken.

Scirpus cernuus

Frauenhaar, Nickende Simse

Dieses aus wärmeren Regionen stammende Gras wirkt mit seinen dünnen, weichen, leicht überhängenden Halmen wie eine grüne Fontäne. Die stecknadelgroßen Blüten sitzen an den Spitzen der Halme.

Heimat: Mittelmeerraum, Subtropen und Tropen.

Standort/Pflege: Die Pflanze steht am besten ganzjährig warm an einem hellen bis halbschattigen Platz und braucht als Riedgras reichlich Wasser – sogar im Untersatz.

Wirkungsweise: Das Frauenhaar besitzt eine lösende Ausstrahlung. Verfahrene Gedanken, Situationen oder Probleme kommen wieder in Fluß. Stauungen im Kopf und nicht zielgerichtetes Denken und Handeln werden reduziert.

Besonderheit: Die Pflanze gedeiht besonders gut bei Menschen, die eine emotionale Verbindung zu Wasser haben.

Schwingung der Pflanze: Wie ein Springbrunnen laufen die Energiebahnen von der Mitte der Pflanze nach oben und mittels der Ausrichtung der binsenartigen Halme wieder nach unten.

Beim Frauenhaar laufen die Energiebahnen von der Mitte der Pflanze springbrunnenartig nach oben und von dort wieder nach unten.

Sedum

Fetthenne

Robuste Pflanzengattung mit dickfleischigen Blättern, deren Vertreter vorwiegend aus Mexiko stammen. Bekannteste Arten sind die Affenschaukel, *Sedum morganianum*, sowie das als Freilandpflanze bekannte *Sedum telephium*, das auch gern in Schalen auf Balkon oder Terrasse gehalten wird.

Bei der Fetthenne schwingt die rosettenartige Energie rechtsdrehend um die Blätter herum nach unten.

Heimat: Mexiko. Die Art *Sedum sieboldii* stammt aus Japan.

Standort/Pflege: Das Dickblattgewächs liebt einen hellen bis sonnigen Standort und benötigt nur wenig Wasser. Während der Wachstumszeit darf etwa alle vier Wochen mit Kakteendünger gedüngt werden.

Wirkungsweise: Die trutzig und derb aussehenden Pflanzen, die in ihrer Heimat Trockenperioden erfolgreich überstehen, sind in ihrer Ausstrahlung gut für Menschen, die sich schlecht vor emotionalem Streß schützen können oder innerlich ganz zugemacht haben.

Besonderheit: *Sedum* verträgt keine stürmischen Kontakte, weil ihre Blätter leicht abbrechen. Sie ist nicht geeignet für übernervöse, cholerische Menschen.

Verknüpfung: In der klassischen Homöopathie wird Sedum bei Hautrissen und gegen Blutungen eingesetzt.

Schwingung der Pflanze: Rosettenartige Energie, die rechtsdrehend rund um die rundlichen Blätter nach unten läuft.

Senecio-Cruentus-Hybriden

Cinerarie, Aschenblume, Läuseblume

Die als Zimmerpflanzen einjährig kultivierten Cinerarien verblüffen durch die Farbenvielfalt und -intensität der zahlreichen Strahlenblüten. Das Farbspektrum reicht von Weiß, verschiedenen Rosa-, Rot- und Purpur- bis zu Violetttönen. Die leicht gezähnten Blätter sind sattgrün.

Heimat: Kanarische Inseln.

Standort/Pflege: Pflanzen hell, luftig und luftfeucht stellen und reichlich gießen. Schon ein kurzes Austrocknen der Erde verkürzt die Blühdauer. Durch Entfernen von Verblühtem läßt sich der Flor der Cinerarien verlängern.

Wirkungsweise: Menschen, denen die nötigen „Ellenbogen" im Leben fehlen und die somit immer vor Verantwortung, Konfrontation und allen anderen unangenehmen Situationen zurückweichen, erhalten mit Hilfe der Cinerarie mehr Antriebs- und Durchsetzungskraft. Die reiche Farbpalette erlaubt auch den farbenpsychologischen Einsatz der einzelnen Farben (siehe auch Seite 26). So stehen ihre Blautöne für geistige Durchsetzung, Weiß für eine emotionale Durchsetzung, die Rotnuancen für erotische, sexuelle Durchsetzung.

Verknüpfung: Cinerarien finden in der klassischen Homöopathie Verwendung (Augen).

Schwingung der Pflanze: Wie eine weiche Wattewolke, fast schüchtern zeigt sich ihre Energie.

Bei der Cinerarie fließt die Energie wie eine weiche Wattewolke.

Bei der Gloxinie drängt die zentrierende Kraft impulsiv nach außen.

Sinningia-Hybriden

Gloxinie

Die zu den Gesneriengewächsen zählende Gloxinie gehört zu den beliebtesten blühenden Topfpflanzen. Die auffällige, 20–30 cm hohe Knollenpflanze besitzt große, glockenförmige, samtige Blüten und dunkelgrüne, weich behaarte Blätter. Heute gibt es eine unüberschaubare Anzahl von Hybriden in den Blütenfarben Weiß, Blau, Rosa, Rot sowie auch Farbkombinationen.

Heimat: Brasilien.

Standort/Pflege: Pflanzen warm und hell stellen und immer leicht feucht halten. Vor direkter Sonne schützen. Für indirekte Luftfeuchtigkeit sorgen, da die Blätter direktes Besprühen nicht vertragen.

Wirkungsweise: Durch die weit geöffneten Glockenblüten gibt die Gloxinie Energien nach außen ab. Sie wirkt wie ein Zauberschlüssel, der einen verschlossenen Charakter wieder „aufschließt" und gestaute Energie wieder frei fließen läßt.

Besonderheit: Die Pflanze eignet sich gut, um Altes abzuschließen und Neues zu beginnen.

Schwingung der Pflanze: Zentrierende, impulsiv nach außen drängende Kraft.

Soleirolia soleirolii

Bubiköpfchen

Das zu den Nesselgewächsen gehörende Bubiköpfchen wird bei uns seit über hundert Jahren kultiviert und ist noch unter dem Namen *Helxine soleirollii* bekannt. Die kleine, teppichbildende Pflanze mit den fadendünnen Stengeln, an denen winzige, rundlich-ovale Blätter sitzen, ist in milden Klimaten auch als Freilandpflanze bekannt. Bei uns wird sie im Topf gehalten und bildet dann keine Teppiche, sondern rundliche „Köpfchen". Außer der rein grünen Art ist auch die Sorte 'Aurea' mit goldgrünem Laub und die Sorte 'Argentea' mit silbrigem Laub erhältlich.

Heimat: Mittelmeerraum.

Standort/Pflege: Die Pflanze hell und kühl stellen und wenig, aber gleichmäßig gießen. Da das Bubiköpfchen erhöhte Luftfeuchtigkeit schätzt, sollte es öfter besprüht werden.

Wirkungsweise: Die Pflanze hilft bei geistiger Festgefahrenheit und depressiver Stimmung, wirkt aktivierend und gibt neue Ideen. Die besten Energien erzielt man durch Aufstellen mehrerer Einzelpflanzen (auch optisch sehr attraktiv!).

Besonderheit: Soll bei Elektrosmog eine schützende Wirkung entfalten. Kann im Schlafzimmer- und Kinderzimmer stehen.

Schwingung der Pflanze: Kribbelnde, kitzelnde Energieimpulse, die in kreisenden Bahnen um die Pflanze herumlaufen. Tip: Reiben Sie Ihre Hände über dem Bubiköpfchen und fühlen Sie, was passiert!

Beim Bubiköpfchen kreisen kribbelnde Energieimpulse um die Pflanze.

Sparmannia africana

Zimmerlinde

Diese Pflanze aus der Familie der Lindengewächse war in den früheren eleganten Wintergärten als Solitär äußerst beliebt und feiert in unseren modernen Glasanbauten ein glanzvolles Comeback. Die Zimmerlinde ist eine Blattschönheit. Ihre weißen Blüten sind zwar hübsch, aber eher unscheinbar. Die Blätter, herzförmig, samtweich und frischgrün, können bis zu 25 cm groß werden.

Die Energieschwingung der Zimmerlinde ist konzentriert und erfrischend wie eine Duftwolke aus der Parfumflasche.

Heimat: Südafrika.

Standort/Pflege: Die Pflanze liebt einen ganzjährig hellen, aber nicht vollsonnigen, eher frischkühlen als warmen Standort. Die großen Blätter deuten darauf hin, daß sie viel Wasser benötigt. Von März bis August darf gedüngt werden.

Wirkungsweise: Eine „Schmusepflanze", die unsere Herzensenergie und Liebesfähigkeit aktiviert und die weibliche Energie verstärkt. Mit ihrer Hilfe kann Zärtlichkeit in uns zu anderen Menschen fließen. Das sanfte Streicheln der Blätter ist ein sinnliches Vergnügen.

Besonderheit: Die Pflanze eignet sich sehr gut für alle Räume, speziell aber dort, wo wir mit anderen kommunizieren und agieren, zum Beispiel in Büros.

Schwingung der Pflanze: Konzentriert und angenehm erfrischend wie eine zarte Duftwolke aus der Parfumflasche.

Spathiphyllum

Einblatt

Die dankbare immergrüne Topfpflanze aus der Familie der Aronstabgewächse bildet nur ein kurzes Stämmchen aus, kann aber dennoch bis 80 cm hoch werden. Nicht mitgerechnet ist der langgestielte Blütenstand, der sich um einiges über die speerförmigen, glänzend grünen Blätter erhebt. Der weiße bis gelbliche Blütenkolben wird von einem prächtigen weißen Hüllblatt umgeben.

Heimat: Madagaskar.

Standort/Pflege: Pflanze warm und hell bis schattig stellen. Mit enthärtetem Wasser mäßig gießen. Da sie Luftfeuchtigkeit liebt, sollte sie gelegentlich übersprüht werden.

Wirkungsweise: Energie von der Blüte her stark und nach oben strebend, vom Laub her harmonisierend. Bringt alle extremen Schwingungen ins Gleichgewicht und ist für jeden Platz und jeden Menschen geeignet.

Ökologie: Die Pflanze baut Schadstoffe ab, entfernt besonders gut Alkohol, Aceton und Formaldehyd aus der Luft.

Schwingung der Pflanze: Pfeilartig nach oben strebende und sich verzweigende Energiefelder.

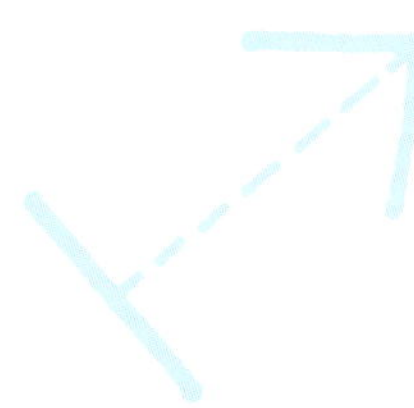

Die Energiefelder des Einblatts streben pfeilartig nach oben und verzweigen sich dann.

Stapelia

Ordensstern, Aasblume

Der Ordensstern ist eine sukkulente Pflanze, die selten größer als 20 cm wird. Das Spektakulärste an dieser Gattung sind ihre großen, meist seesternförmigen Blüten. Sie sind in der Regel auffällig gefärbt und gezeichnet und dienen – wie der kurzfristig unangenehme Geruch – dazu, bestäubungswillige Fliegen anzulocken. Besonders schöne Arten sind: *Stapelia gigantea* mit den größten Blüten (25 bis 35 cm), die hellgelb gefärbt sind und eine rote Querbänderung haben; *Stapelia grandiflora* mit großen braunroten Blüten; *Stapelia variegata* mit gelbbraun gefleckten Tigerblüten; *Stapelia nobilis* mit außen roten, innen gelbbraun gebänderten Blüten; *Stapelia pillansii* mit dunkelpurpurbraunen Blüten und hübschen purpurnen Wimpern; *Stapelia semota* mit schokoladenfarbigen Blüten, die hell gezeichnet sind.

Heimat: Südafrika.

Standort/Pflege: Stapelien benötigen einen ganzjährig hellen bis sonnigen Platz und brauchen nur wenig gegossen zu werden, im Winter nur soviel, daß die Triebe nicht schrumpfen. Die Pflanzen sind Flachwurzler und gedeihen in Schalen besonders gut.

Wirkungsweise: Aufwühlend, tiefgreifend. Bringt alle Verwundungen der Seele wieder an die Oberfläche und hilft, diese Traumata aufzuarbeiten. Die Stärke der Wirkung hängt von der Intensität der Blütenfarbe ab.

Schwingung der Pflanze: Wellenartige, pulsierende Energieschwingung der Pflanze und rotierende, aktivierende Energiewirbel aus der Blüte.

Der Ordensstern hat eine wellenartig pulsierende Energieschwingung, aus der Blüte rotieren aktivierende Energiewirbel.

Stephanotis floribunda

Kranzschlinge

Die Kranzschlinge aus der Familie der Seidenpflanzengewäche zählt zu den beliebtesten Zimmerpflanzen. Sie wird aus Platzgründen heute vorwiegend rundbogig gezogen angeboten und ist mit ihren glänzendgrünen, lederigen Blättern und den weißen, herrlich duftenden Blüten eine Attraktion jedes Blumenfensters. Im Wintergarten ausgepflanzt, können die Triebe der Kranzschlinge sich bis 6 m hoch und weit winden. Sie lassen sich beliebig am Bogen, Spalier oder Gitter entlang ziehen.

Heimat: Madagaskar.

Standort/Pflege: Die Pflanze steht am besten hell, aber nicht sonnig. Sie braucht viel „Bewegungsfreiheit", schon eine Gardine könnte störend wirken. Während der Wachstumszeit von März bis Mitte/Ende August gießt und sprüht man sie reichlich mit temperiertem, kalkfreiem Wasser und düngt alle 14 Tage. Dazwischen hält man sie kühl und nur leicht feucht. Sobald sich die ersten Knospen bilden, darf die Pflanze nicht mehr bewegt werden, sonst fallen alle Knospen ab.

Wirkungsweise: Die Kranzschlinge wirkt positiv auf freundschaftliche und familiäre Beziehungen. Sie aktiviert das Kommunikations- und Gemeinschaftsgefühl und eignet sich daher ausgezeichnet für Gemeinschafts- und Therapieräume.

Schwingung der Pflanze: Lianenartig geschwungene Energiespiralen, die sich an den Blütendolden bündeln.

Bei der Kranzschlinge bündeln sich lianenartig geschwungene Energiespiralen an den Blütendolden.

Aus der harten Knolle des Elefantenfußes strömt ganz zart eine hohe Energiefrequenz.

Testudinaria elephantipes

Elefantenfuß

Diese bizarre Kletterpflanze aus Südafrika gehört zu den Yamswurzelgewächsen (*Dioscoreaceae*). Die Familie wurde nach Pedanios Dioscorides aus Cilicien, dem großen griechischen Arzt und Naturwissenschaftler (1. Jahrhundert nach Chr.) benannt. Die meisten Mitglieder der Familie zeichnen sich durch knollen- bis keulenartige Wurzelstöcke aus, die bis zu 1 Kilogramm schwer werden können. Zur Familie gehört auch die Yamswurzel, ein wichtiges Nahrungsmittel tropischer Regionen. Der hier gezeigte Elefantenfuß gehört zu den Arten mit großer, harter, holziger und dem Boden halbkugelig aufsitzender Knolle. Die Blätter sterben nach der Winterblüte meist im Frühjahr ab und regenerieren sich danach wieder aus dem Stamm.

Heimat: Südafrika.

Standort/Pflege: Den Elefantenfuß ganzjährig sonnig bis halbschattig, aber nicht zu warm halten. Nur mäßig gießen und mit Kakteendünger während der Wachstumszeit alle 14 Tage düngen. Vor allem im unbelaubten Zustand öfter sprühen.

Besonderheit: Die Pflanze ist auch unter dem Namen *Dioscorea elephantipes* bekannt.

Wirkungsweise: Die Pflanze hilft Menschen, die wie ein Elefant alte Beleidigungen und Verletzungen nachtragen und sich selbst und anderen nicht verzeihen können. Sie ist auch gut geeignet bei Altersstarrsinn und Rechthaberei.

Schwingung der Pflanze: Aus der harten Knollen der Pflanze strömt ganz zart wie durch kleinste Kanälchen eine hohe Energiefrequenz, einem anhaltenden Pfeifton vergleichbar.

Tillandsia

Luftnelke

Die auf Bäumen, Felsen oder anderen Unterlagen wachsenden Ananasgewächse mit grünen oder grausilbrigen, meist sehr schmalen Blättern leben praktisch von der Luft. Wasser und Nährstoffe nehmen sie über Saugschuppen auf. Die attraktiven Pflanzen zeigen reizvolle, wenn auch oft nicht sehr große Blüten.

Heimat: Tropisches und subtropisches Amerika.

Standort/Pflege: Graue Tillandsien befestigt man auf Kork- oder Aststücken und stellt sie sonnig und warm, grüne hell und warmfeucht. Beide täglich mit kalkarmem Wasser einsprühen.

Wirkungsweise: Tillandsien können Menschen, die sehr mit Materie verwurzelt sind, zu einer luftigeren Sichtweise verhelfen.

Schwingung der Pflanze: Wie Luftschlangen, die sich in den Himmel winden. Wichtig: Auf Steine oder Kitschgegenstände aufgeklebte Tillandsien sind schwingungsmäßig völlig wertlos und sollten auch schon aus Artenschutzgründen nicht gekauft werden!

Die Energieschwingung der Luftnelke windet sich spiralartig in die Luft.

Bei der Tolmiea pulsiert die Energie lebendig in der Pflanze.

Tolmiea menziesii

Tolmiea, Henne mit Küken, Kindchen im Schoß

Diese liebenswerte Blattpflanze ist eine botanische Kuriosität: In den Buchten der herzförmigen, behaarten Blätter bilden sich Brutknospen, die zu kleinen Pflanzenkindern heranwachsen und bei Erdkontakt sofort Wurzeln bilden. Daher rühren auch die hübschen deutschen Namen der 25 bis 30 cm hohen, in milden Klimaten winterharten Staude. In anderen Ländern heißt die *Tolmiea* übrigens auch „Huckepackpflanze", „Jugend im Alter" oder „Tausend Mütter". Sie kommt in Ampeln besonders gut zur Geltung.
Heimat: Nordamerika.

Standort/Pflege: Pflanze hell bis halbschattig und ganzjährig eher kühl stellen. Im Sommer reichlich, im Winter weniger gießen.

Wirkungsweise: Eine richtige „Optimismuspflanze", deren Optik schon gute Laune auslöst. Wirksam bei eintönigem Lebensstil. Gibt Schwung und neue Impulse.

Schwingung der Pflanze:
Üppig, lebendig, in sich pulsierend wie eine Wolke aus tanzenden Glühwürmchen.

Yucca

Palmlilie

Die zu den Agavengewächsen gehörende Palmlilie zählt zu den meist verkauften Zimmer- und Kübelpflanzen im Erwerbsgartenbau. Das liegt zum einen an ihrer Robustheit und Anspruchslosigkeit, zum anderen aber wohl an ihrer dekorativen „Baumform" und dem gleichmäßigen Blattschopf aus schmalen, je nach Art grünen oder graugrünen Blättern. Die gewaltigen weißen Blütenschöpfe entwickeln sich erst nach vielen Jahren.

Heimat: USA, Mexiko.

Standort/Pflege: Pflanze vollsonnig und luftig stellen. Gleichmäßig gießen und Staunässe vermeiden.

Wirkungsweise: Die Palmlilie wirkt angreifend und dominierend. Sie ist eine ausgesprochene Solitärpflanze. Kann für schüchterne, ängstliche Menschen, die sich durchsetzen wollen, eine Hilfe sein, ist dagegen schlecht geeignet für Choleriker.

Besonderheit: Wegen ihrer angreifend wirkenden, bei manchen Arten auch sehr spitzen Blätter, braucht die Pflanze in geschlossenen Räumen viel Platz.

Verknüpfung: Palmlilien finden auch Verwendung in der klassischen Homöopathie (Reizbarkeit, Schwellung, Brennen).

Schwingung der Pflanze: Pfeilartig nach außen angreifende, harte und kantige Energie.

Die harten Energiestöße der Palmlilie sind pfeilartig nach außen gerichtet.

Bei der Zimmerkalla wirbelt die nach oben gerichtete linksdrehende Energie nach außen.

Zantedeschia aethiopica

Zimmerkalla

Die Zimmerkalla zählt zur Familie der Aronstabgewächse, die sich besonders durch ihre eigenwilligen Blütenstände – ein Blütenkolben, den ein oftmals apart gefärbtes Hochblatt umschließt – auszeichnet. Sie wird bis etwa 80 cm hoch und hat einen fleischigen, stammartigen Wurzelstock. Die vom Spätwinter bis in den Sommer hinein erscheinenden eleganten Blüten waren besonders im Art déco beliebte Stilelemente.

Heimat: Südafrika.

Standort/Pflege: Die Pflanze hell bis halbschattig stellen und während der Wachstumszeit reichlich gießen. Nach der Blüte die Kalla nicht mehr gießen und langsam einziehen lassen. Etwa im Juli kann der Wurzelstock erneut in frischer Erde angetrieben werden. In klimatisch milden Regionen (Weinbaugebieten) kann die Zimmerkalla mit leichter Winterabdeckung auch im Freiland gehalten werden.

Wirkungsweise: Wirkt positiv aktivierend auf alle Sinne wie Sehen, Hören, Riechen sowie Schmecken, Schlucken, Kauen und hilft bei etwaigen Funktionsstörungen – am besten bei Ohrensausen und Schwerhörigkeit.

Besonderheit: Im katholischen Glauben wird die Zimmerkalla („Musikerblume") der heiligen Cäcilie (Heilige der Kirchenmusik) zugeordnet und mit ihr abgebildet.

Schwingung der Pflanze: Nach oben gerichtete, linksdrehende Energie, die nach außen wirbelt.

Zebrina

Zebrakraut

Das Zebrakraut aus der Familie der Commelinengewächse ist eine altbekannte Ampelpflanze, die viele von uns schon als Kind als Ableger im Wasserglas bewurzelt haben. Die anspruchslose Pflanze bildet kriechende Stengel, an denen oberseits silbrig-grüne, unterseits weinrote, etwas zugespitzte und leicht fleischige Blätter sitzen. Blüten erscheinen bei kultivierten Pflanzen nur selten. Bei uns werden vor allem angeboten die weiß behaarte *Zebrina flocculosa* und die kräftigere *Zebrina purpusii,* die kein Streifenmuster auf den Blättern hat.

Heimat: Mittelamerika.

Standort/Pflege: Das Zebrakraut hell, aber nicht vollsonnig, und luftig stellen oder aufhängen. Mäßig gießen und düngen.

Wirkungsweise: Das Zebrakraut kann helfen, Ideen und Vorstellungen schneller in die Realisierungsphase zu bringen und Schwierigkeiten zu überwinden. Selbst scheinbar gescheiterte Projekte können nochmals angegangen werden.

Besonderheit: Hilft Beziehungen, die „gerissen" waren, wieder anzuknüpfen.

Schwingung der Pflanze: Spiralförmig drehende Energiebahnen, die nach unten drängen.

Beim Zebrakraut drängen spiralförmige Energiebahnen nach unten.

Register

Sachregister

Botanische Pflanzennamen

Deutsche Pflanzennamen

Über die Autorin

Eva Katharina Hoffmann ist Geistheilerin, Heilpraktikerin, Feng-Shui-Beraterin sowie Dipl. Sozialpädagogin (FH) und Handelsfachwirtin (IHK).
Bereits seit einigen Jahren lebt Frau Hoffmann auf der kanarischen Insel La Palma. Dort stellt sie Blüten- und Pflanzenessenzen her, erforscht deren Wirkungsweise und entwickelt eine neue Homöopathie.
Ihre diesbezüglichen Forschungen und Erkenntnisse hat sie in einem weiterführenden Werk, "Kanarische Blütenessenzen der Liebe" (AT-Verlag 2002), zusammengefasst.
Die Blütenessenzen sind im deutschsprachigen Raum zu beziehen über:

Homöoset
Königstraße 92 - 94
89165 Dietenheim
Tel.: 0 73 47/91 90 06

Geplant sind weitere Bücher über die Energie von Pflanzen, Kanarische Pflanzenessenzen und über Spiritualität in Verbindung mit Sexualität.

Darüber hinaus gibt Frau Hoffmann Semiare und Workshops in Deutschland, Österreich, Italien (geplant) und Spanien.
Informationen zu deutschsprachigen Seminaren und Workshops erhalten Sie über Homöoset.